Über den Einfluß

des

Bürgerlichen Gesetzbuches auf das Strafrecht,

unter besonderer Berücksichtigung des Besitzes.

Von

Dr. Adolf Lobe,

Landrichter am Kgl. Landgerichte Leipzig.

Leipzig,
Verlag von Veit & Comp.
1898.

Druck von Metzger & Wittig in Leipzig.

Vorwort.

All' die zahlreichen Beziehungen des Bürgerlichen Gesetzbuches zum Strafrechte heute schon auch nur annähernd aufdecken und untersuchen zu wollen, wäre ein zu vermessenes Unternehmen. Vielleicht tragen aber die nachfolgenden Ausführungen dazu bei, den Gesichtswinkel zu finden, unter dem das Verhältnis des neuen Bürgerlichen Gesetzbuches zum Strafrechte zu betrachten ist, und unter dem in jedem einzelnen Falle die Prüfung, ob ein Einfluß überhaupt vorhanden ist und wie weit er geht, vorgenommen werden muß. Sie sind die erweiterte Bearbeitung eines vom Verfasser in der Juristischen Gesellschaft zu Leipzig gehaltenen Vortrages.

Adolf Lobe.

§ 1.

Der dem deutschen Wesen eigentümliche genossenschaftliche Zug hat bewirkt, daß das deutsche Recht vor der Aufnahme des römischen eine begriffliche Scheidung zwischen öffentlichem und privatem Rechte eigentlich noch nicht durchgeführt hatte. Der Einzelne kam nicht als Individuum, sondern als Glied einer Genossenschaft in Betracht, und andererseits wurde auch die Genossenschaft nicht als selbständige, von ihren Gliedern losgelöste Persönlichkeit betrachtet. So gab es für die Deutschen nur ein einheitliches Recht.

Weil der Einzelne genossenschaftlich gebunden war, so vermochte sich noch nicht ein freies Individualrecht zu entwickeln, vielmehr durchdrang auch das Personen- und Vermögensrecht die öffentliche genossenschaftliche — wie man heute sagen würde — soziale Natur des Rechtes. Und weil die Genossenschaft nicht als selbständige Persönlichkeit gedacht wurde, so war auch das öffentliche Recht durchweg noch mit privatrechtlichen Anschauungen verquickt. Diese Wesensgleichheit des gesamten Rechtes zeigt sich unter anderem in der ursprünglich gleichartigen Reaktion gegen die Rechtsverletzung: mag Buße wegen Raubes, Diebstahles, Totschlages oder wegen irgendwelchen Bruches eines Versprechens verfolgt werden, immer geschieht es in gleicher Weise durch die Fehde, und so liegt der Ursprung des Obligationenrechtes überhaupt geradezu im Delikt.

Wer wollte leugnen, daß auch heute noch in der Auffassung des Volkes Strafrecht und Zivilrecht gänzlich verschwimmt!

Da Entwickelung aber auf allen Gebieten Spaltung ist, so mußte auch das deutsche Recht sich bei seiner Fortbildung bald in die verschiedenen Rechtsgebiete spalten. Vollendet wurde diese Trennung zwischen Privatrecht und öffentlichem Rechte, namentlich dem

Strafrechte, durch die Aufnahme des römischen Privatrechtes. Dem Umstande aber, daß der privatrechtliche Verkehr nunmehr nach dem Rechte eines fremden Volkes geregelt wurde, während im Strafrechte die Aufnahme des römischen Rechtes viel beschränkter blieb, jenes sich die alten deutschrechtlichen Anschauungen bewahrte, ist es wohl zuzuschreiben, daß Wissenschaft und Praxis für Strafrecht und Zivilrecht fernerhin ihre gesonderten Wege gingen, beide neben einander hinführend, als wären sie weltenweit von einander geschieden. Man verkannte eben völlig das Wesen des Strafrechtes als eines Schutzrechtes, eines nur accessorischen Rechtes. Man sah nicht, daß seine Objekte, die Rechtsgüter, deren Schutz und Schirm es bilden will, Bestandteile aller Rechtsgebiete sind, sowohl des staats- und völkerrechtlichen, des öffentlich-rechtlichen, als des privatrechtlichen Gebietes. Freilich trug zur Verdunkelung dieser Wahrheit nicht wenig die Zersplitterung des Rechtes bei, namentlich dann, als diese auf dem privatrechtlichen Gebiete bestehen blieb, während das Strafrecht bereits im wesentlichen einheitlich geworden war. Es schien so seltsam, daß das einheitliche Strafrecht den vielen partikulären Privatrechten accessorisch sein und dadurch selbst in seiner Einheit gefährdet werden sollte. So gelangte man allen Ernstes dazu, zu erklären, daß bei Diebstahl und Unterschlagung die Bestimmung, ob eine Sache eine fremde sei, nicht nach den Grundsätzen des Zivilrechtes getroffen werden dürfe, da diese für das kriminalistische Bedürfnis nicht ausreichten, daß es vielmehr wegen der verschiedenen partikularistischen Regelung des Eigentumserwerbes nötig sei, eine für das ganze Strafrecht einheitliche Vorschrift, unabhängig von allem Zivilrechte, aufzustellen.[1] Dieser Anschauung huldigte noch der sächsische Generalstaatsanwalt v. Schwarze[2], und das preußische Obertribunal hat sie wiederholt vertreten.

Doch sie kann ja wohl jetzt als endgiltig beseitigt angesehen werden, und auch das Reichsgericht steht durchaus auf dem Standpunkte, daß die Frage, ob eine Sache im Sinne von § 242

---

[1] Goltdammers Archiv, Bd. 15 S. 851, Bd. 16 S. 233, Bd. 18 S. 352.

[2] Schwarze, Kommentar zum Strafgesetzbuch, 1. Aufl., S. 549.

des Strafgesetzbuches eine fremde sei, nur nach den Grundsätzen des Zivilrechtes über den Eigentumserwerb entschieden werden dürfe.[1]

Und wie bei Diebstahl und Unterschlagung, so bilden bei zahlreichen anderen Delikten die der Privatrechtsordnung angehörenden Güter oder subjektiven Rechte das Rechtsgut, dessen Schutz die dem Strafgesetze zu Grunde liegende Norm dienen will, und deshalb steht das Strafrecht durch die Objekte, auf die es sich bezieht, in engem Zusammenhang mit dem Zivilrecht.[2]

Jede Änderung der Privatrechtsordnung muß daher notwendig auf den Inhalt der ihr accessorischen Strafgesetze einwirken.

§ 2.

Der Gesetzgeber ist sich dessen bewußt gewesen. Im Einführungsgesetze zum Bürgerlichen Gesetzbuche hat er sich aber in der Regelung dieser veränderten Beziehungen des bürgerlichen Rechtes zum Strafrechte die allergrößte Beschränkung auferlegt, und zwar mit zu billigender Absichtlichkeit. Die Motive sagen hierzu S. 127:

> „Die Prüfung, ob und inwieweit es angemessen sein wird, die eine oder die andere Vorschrift des Strafgesetzbuches den Vorschriften des Bürgerlichen Gesetzbuches, namentlich den familienrechtlichen Vorschriften, anzupassen, und die verschiedenen Zweifel zu beseitigen, die dadurch hervorgerufen worden sind, daß manche Vorschriften des Strafgesetzbuches infolge des bei Erlassung desselben bestehenden Mangels eines einheitlichen Privatrechtes, insbesondere eines einheitlichen Familienrechtes, eine allgemeine und unbestimmte Fassung erhalten haben, bleibt besser einer späteren, zusammenhängenden Revision des Strafgesetzbuches vorbehalten."

---

[1] Entsch. des RG. in Strafs. Bd. 26 S. 390; Hälschner, System Bd. 2 S. 509; Binding, Lehrbuch des gemeinen deutschen Strafrechtes. Besonderer Teil S. 133.

[2] Binding, Handbuch des Strafrechtes Bd. 1 S. 10.

Die Abänderungen, die das Einführungsgesetz zum Bürgerlichen Gesetzbuche mit dem Strafgesetzbuche vornimmt, sind demgemäß nur folgende:

1. Es stellt ein ganz neues Strafgesetz in Art. 34 Nr. IV auf, insofern es zwischen die Verbrechen und Vergehen wider die öffentliche Ordnung und die Münzverbrechen als neuen § 145a des Strafgesetzbuches einfügt:

> „Wer im Inlande Schuldverschreibungen auf den Inhaber, in denen die Zahlung einer bestimmten Geldsumme versprochen wird, ohne die erforderliche staatliche Genehmigung ausstellt und in den Verkehr bringt, wird mit einer Geldstrafe bestraft, die dem fünften Teile des Nennwertes der ausgegebenen Schuldverschreibungen gleichkommen kann, mindestens aber 300 *M* beträgt."

Die Norm zu diesem Strafgesetze findet sich in § 795 des Bürgerlichen Gesetzbuches — nebenbei gesagt, ein neuer Beweis für die Selbständigkeit der Norm gegenüber dem — hier zweifellos nachfolgenden — Strafgesetze!

Die zivilrechtlichen Folgen der Übertretung jenes in § 795 Abs. 1 des Bürgerlichen Gesetzbuches klar ausgesprochenen Verbotes, im Inlande ausgestellte Schuldverschreibungen auf den Inhaber ohne staatliche Genehmigung in Verkehr zu bringen, enthält § 797 Abs. 3 des Bürgerlichen Gesetzbuches: „eine ohne staatliche Genehmigung in den Verkehr gelangte Schuldverschreibung ist nichtig." Die Strafdrohung für die Übertretung jenes Verbotes giebt eben der neue § 145a des Strafgesetzbuches.

2. Wie in der eben erwähnten Bestimmung das Einf.-Ges. ein neues Strafgesetz erläßt, so stellt es in Art. 46 unter III in Erweiterung des strafrechtlich relevanten Notstandes von § 54 des Strafgesetzbuches einen neuen Grund für den Ausschluß einer bestimmten strafbaren Handlung auf. Nach § 67 des Reichsgesetzes vom 6. Febraar 1875, der an Stelle von § 337 des Strafgesetzbuches getreten ist, „wird ein Geistlicher oder anderer Religionsdiener, welcher zu den religiösen Feierlichkeiten einer Eheschließung schreitet, bevor ihm nachgewiesen worden ist, daß die Ehe vor dem

Standesbeamten geschlossen sei, mit Geldstrafe bis zu 300 ℳ oder mit Gefängnis bis zu drei Monaten bestraft."

Dieses Strafgesetz soll nun folgenden Absatz 2 erhalten:

„Eine strafbare Handlung ist nicht vorhanden, wenn der Geistliche oder Religionsdiener im Falle einer lebensgefährlichen, einen Aufschub nicht gestattenden Erkrankung eines Verlobten zu den religiösen Feierlichkeiten der Eheschließung schreitet."

3. Ferner wird in Art. 34 unter III und VI des Einf.-Ges. die Befugnis zur Stellung des Strafantrages bei den Antragsdelikten mit den Grundsätzen des Bürgerlichen Gesetzbuches über die Geschäftsfähigkeit und die Vertretung der in der Geschäftsfähigkeit Beschränkten in Einklang gebracht.

a) Zunächst bleibt es bei dem bisherigen Rechte des § 65 Abs. 1 und 2 des Strafgesetzbuches, daß bei Minderjährigen unter 18 Jahren nur der gesetzliche Vertreter, bei Minderjährigen über 18 Jahren sowohl der gesetzliche Vertreter als der verletzte Minderjährige selbst unabhängig von einander ein Antragsrecht haben.

Dagegen ist künftighin den in der Geschäftsfähigkeit nur beschränkten Großjährigen die Befugnis zur Stellung des Strafantrages nicht mehr entzogen und ihrem Vormunde und Beistand nicht gegeben. Nur die geschäftsunfähigen Großjährigen — vgl. § 104 Nr. 1 u. 3 des Bürgerlichen Gesetzbuches — sind künftig zur Antragstellung unfähig, während nach dem heute noch geltenden § 65 Abs. 3 des Strafgesetzbuches auch die wegen Taubstummheit oder bloßer Geistesschwäche bevormundeten Personen des Rechtes, Strafantrag zu stellen, beraubt sind.

b) Ohne Rücksicht auf die Volljährigkeit oder Minderjährigkeit der Kinder steht nach § 195 des Strafgesetzbuches dem Vater wegen der seinen Kindern widerfahrenen Beleidigungen ein selbständiges Antragsrecht zu, sofern sie sich noch in seiner väterlichen Gewalt befinden. Dies ist beseitigt worden, soweit es nicht zufolge der vorhin erwähnten Vorschrift nach § 65 des Strafgesetzbuches noch besteht, weil nach dem Bürgerlichen Gesetzbuche die elterliche, also auch väterliche Gewalt mit der Volljährigkeit der Kinder erlischt, es nach Erlöschung der elterlichen Gewalt aber nicht mehr angemessen war, daneben ein selbständiges Antragsrecht wegen Beleidigungen der volljährigen Kinder für den Vater fortbestehen zu lassen.

4. Mehr redaktioneller Natur sind die in Art. 34 Nr. V und IX des Einf.-Ges. erfolgten Abänderungen von § 171[1] und § 238 des Strafgesetzbuches, in denen der Ausdruck „Ungiltigkeitserklärung der Ehe", die das Bürgerliche Gesetzbuch nicht kennt, durch „Nichtigkeitserklärung" ersetzt wird.

5. Auf gleicher Stufe stehen die Änderungen in Nr. I und II. Die Bestimmung unter Nr. II enthält nur die eine sachliche Abänderung, daß der strafunmündige Verbrecher auch in der Familie untergebracht werden darf.

6. Endlich berücksichtigt Art. 34 Nr. VII und VIII den Umstand, daß nach dem Bürgerlichen Gesetzbuche nicht nur die Eltern und der Vormund, sondern auch ein Pfleger die Obhut und Sorge für die Person eines Minderjährigen haben kann. Er dehnt deshalb die Vorschrift in § 235 und § 237 des Bürgerlichen Gesetzbuches auch auf die Entführung Minderjähriger aus der Gewalt des Pflegers aus. Selbstverständlich kann, da es sich um die Entführung einer Person, nicht um die Entziehung von Vermögensstücken handelt, dann nur ein solcher Pfleger in Betracht kommen, dem die Pflegschaft für die Person, nicht bloß für das Vermögen des Minderjährigen zusteht.

§ 3.

Das also sind die Abänderungen, die vom Einf.-Ges. zum Bürgerlichen Gesetzbuche ausdrücklich verfügt werden. Welches sind nun die durch das Bürgerliche Gesetzbuch erfolgten Abänderungen des Strafgesetzbuches, die im Einf.-Ges. nicht erwähnt werden?

Die Erörterung und Beantwortung dieser Frage bedarf zunächst einer grundsätzlichen Verständigung, und auf den Versuch, sie anzubahnen, wollen sich diese Zeilen beschränken, ohne im allgemeinen in die nähere Besprechung einzelner beeinflußten Delikte einzugehen,

---

[1] Vgl. hierzu unten S. 43.

wennschon dies nicht allenthalben zu vermeiden ist. Forderte doch jedes einzelne Delikt eine selbständige Abhandlung![1]

I. Der Umstand, daß das Bürgerliche Gesetzbuch Reichsrecht schafft und aus gleicher Quelle fließt wie das Strafgesetzbuch, ist ebensowenig wie die Rechtsregel: lex posterior derogat priori für das Verhältnis des Bürgerlichen Gesetzbuches zum Strafgesetzbuch maßgebend. Die eben genannte Regel wird schon durch das Einf.-Ges. zum Bürgerlichen Gesetzbuch Art. 32 ausgeschlossen. Aber auch die Thatsache, daß nun an Stelle der partikulären Privatrechte das gemeinsame Reichsprivatrecht tritt, bewirkt nur, daß soweit bisher das Strafgesetzbuch seinen Inhalt durch das Landesprivatrecht empfing, dieser nun durch das Reichsprivatrecht gegeben wird. Die Eigenschaft des Privatrechtes als Reichsrecht kann jedoch nicht bewirken, daß es begrifflich einen weiteren Einfluß auf das Strafrecht ausübt, als dies vordem durch das Landesprivatrecht geschah. Dies lehrt von selbst der Zweck und Inhalt des Bürgerlichen Gesetzbuches, der sich in der Ordnung der Privatrechtsverhältnisse erschöpft. Das Bürgerliche Gesetzbuch regelt die Lebensverhältnisse lediglich mit Rücksicht auf die Privatrechtsordnung, nicht mit Rücksicht auf die Strafrechtsordnung. Das Bürgerliche Gesetzbuch beansprucht gar nicht, neue Deliktsbegriffe zu schaffen oder den Inhalt des Strafgesetzbuches umzuändern. Wenn dies dennoch geschieht, so geschieht es, nicht weil das Bürgerliche Gesetzbuch diese Abänderung anordnen will, sondern weil das Strafgesetzbuch seinerseits auf das bürgerliche Recht Bezug nimmt. Das Maß des Einflusses ist demgemäß darnach zu bestimmen, wie weit das Strafrecht seinerseits das Zivilrecht erfaßt und in sich aufnehmen will, nicht darnach, wie weit das Zivilrecht das Strafrecht ergreifen will; es könnte daher auch nur durch eine Abänderung des Strafrechts verändert werden, eine Abänderung

[1] Es sei hierbei nur an den einen § 289 des Strafgesetzbuches erinnert und dazu an die Entsch. des RG. in Strafs. in Verbindung mit folgenden Bestimmungen des Bürgerlichen Gesetzbuches, um den Einfluß zu erkennen:

Bürgerliches Gesetzbuch	§ 535 ff.	—	Entsch. Bd. 25 S. 344,
	§ 389	—	Bd. 27 S. 63,
	§ 557	—	Bd. 26 S. 282,
	§§ 123. 124. 142	—	Bd. 25 S. 155.

des Zivilrechts und der Umstand, daß an Stelle des preußischen Landrechts, des sächsischen Bürgerlichen Gesetzbuches nunmehr das Deutsche Bürgerliche Gesetzbuch tritt, vermag das Maß des vom Strafgesetzbuch gewollten Einflusses in alle Wege nicht zu verändern!

Hierüber lassen auch die Motive zum Einf.=Ges. (S. 69) keinen Zweifel, wenn sie sagen:

> „das Bürgerliche Gesetzbuch erlangt nur insoweit Bedeutung, als die Auslegung des einzelnen Reichsgesetzes ergiebt, daß dieses nicht einen Begriff mit selbständigem Inhalte einzuführen beabsichtigt hat, sondern Sinn und Bedeutung dem allgemeinen bürgerlichen Rechte entnommen wissen will.“

Hiernach ist also die Frage, welchen Einfluß das Bürgerliche Gesetzbuch auf das Strafgesetzbuch hat, gleichbedeutend mit der Frage, welchen Einfluß überhaupt das bürgerliche Recht auf das Strafrecht ausübt.

II. Um dies bestimmen zu können, ist es notwendig, sich über das Wesen des Strafrechts als eines accessorischen Schutzrechts[1] klar zu werden. Die ihm zu Grunde liegenden Normen gebieten oder verbieten ein Thun oder Unterlassen lediglich aus dem Grunde, weil es gefährdet oder verletzt das, was der Inhaber der Norm vor der Gefährdung und Verletzung bewahren, in seinem Bestand erhalten will, also seines Schutzes für wert erachtet. Was aber dieses Schutzes für wert zu erachten, welches also das Objekt des Rechtsschutzes sei, das zu bestimmen steht allein bei dem, der den Schutz gewährt: bei dem auf Gehorsam gegen seine Befehle und Gebote Berechtigten. Nichts ist begrifflich diesem Normenschutze entzogen, nichts hat an und für sich einen Anspruch darauf; Zeiten und Verhältnisse bringen Wandlung in dem Bedürfnisse des Schutzes und in der Wertschätzung der einzelnen Güter, die ebensowohl Sachen und Zustände, Gefühle, subjektive Rechte und Pflichten sein können. So wäre es denkbar, daß nach der Meinung der den Rechtsschutz gewährenden Staatsgewalt jeder Mensch schlechthin für die Volksgenossenschaft und den Bestand des Staates so wertvoll erachtet

---

[1] Binding, Handbuch des Strafrechtes Bd. 1 S. 3 u. 9.

würde, daß die Vernichtung und Gefährdung seines Lebens und seiner Gesundheit absolut verboten wäre, auch ihm selbst. Dann käme man zum Verbote des Selbstmordes, nicht nur zum Verbote der Tötung durch Dritte oder zum Verbote der Tötung eines Einwilligenden — ein Verbot, das ja thatsächlich noch zu Carpzovs Zeiten, wo der Selbstmordversuch bestraft wurde, bestand. Und auf dieser Wertschätzung des Menschen als Krieger und Vaterlandsverteidiger beruht allein das Verbot der Selbstverstümmelung zu dem Zwecke, sich dem Heeresdienste zu entziehen.

Nicht minder ist verschiedene Wertschätzung und damit verschiedener Rechtsschutz bei den Sachen denkbar. Die Zerstörung einer Sache kann dem Inhaber der Schutzgewalt unter Umständen völlig gleichgültig sein; die Sache kann aber auch Bedeutung gewinnen, insofern sie Gegenstand der Verfügungsgewalt eines Menschen, etwa des Eigentümers, des Pfandnehmers u. s. w. ist. Dann wird der Rechtsschutz sich darauf beschränken, die Zerstörung einer Sache durch einen Dritten zu verbieten, insofern dadurch jenes Verfügungsrecht verletzt wird. Er wird aber nicht eintreten, wenn der Verfügungsberechtigte selbst sein Recht an der Sache aufgiebt. Doch es ist andrerseits auch denkbar, daß ohne Rücksicht auf ein bestimmtes Eigentum die Sache aus anderen Gründen Wert für den Inhaber der Schutzgewalt gewinnt und ihre Erhaltung für die Gemeinschaft zu sichern ist. So wenn die Sache etwa hohen künstlerischen Wert hat. Ich verweise auf § 304 des Strafgesetzbuches. Dann kann unter Umständen die Vernichtung auch dem Eigentümer verboten sein.

Es ist also bei jedem einzelnen Delikt genau festzustellen, was des Normenschutzes für wert erachtet wird und wie weit dies geschieht, mit anderen Worten: was das Objekt des Strafrechtsschutzes sei. Denn danach bestimmt sich zugleich der Inhalt der diesem Schutze dienenden Gebote und Verbote und damit die Rechtswidrigkeit der Handlung.

Ist nun das strafrechtlich geschützte Objekt ein subjektives Privatrecht — sei es obligatorischer Natur, wie etwa der Heuervertrag, das Recht auf gleichmäßige Befriedigung der Gläubiger aus dem Vermögen des Schuldners, sei es dinglicher Natur, wie das Eigentum, das Pfandrecht — oder ist das geschützte Objekt ein Verhältnis oder ein Zustand, der nur für die Privatrechtsordnung Bedeutung hat und ihrer ausschließlichen Regelung untersteht, wie z. B. die elterliche Gewalt, die vormundschaftliche Gewalt, so wird naturgemäß Inhalt und Umfang jenes Schutzobjekts und der seine Gefährdung und Verletzung verbietenden Normen durch die Privatrechtsordnung bestimmt. Denn eben um seiner Eigenschaft willen als ein dem Privatrecht unterfallendes Objekt und wegen seiner der Privatrechtsordnung angehörenden Beziehungen besteht ja der strafrechtliche Schutz. Nur weil es ein Institut der Privatrechtsordnung ist, gewinnt es für den Inhaber der Schutzgewalt den Wert, daß er ihm seinen Strafrechtsschutz zukommen läßt. Ändern sich also die privatrechtlich geordneten Zustände und Verhältnisse, ändert sich das geschützte subjektive Privatrecht selbst, so ändert sich notwendig damit auch das Schutzobjekt des Strafrechts. Insoweit, aber auch nur insoweit, beeinflußt daher jede Änderung der Privatrechtsordnung das Strafrecht.

Unsere Frage bestimmt sich also näher dahin: welche subjektiven Privatrechte, welche ausschließlich der Privatrechtsordnung zur Regelung vorbehaltenen Verhältnisse und Zustände sind Objekte des Strafrechtsschutzes? Diese Frage kann selbstverständlich nur für jedes einzelne Delikt und Strafgesetz besonders untersucht und festgestellt werden. Die Auslegung jedes einzelnen Strafgesetzes hat zu ergeben, ob, wie die vorhin schon angeführten Motive zum Einf.-Ges. ganz richtig sagen: „das Strafgesetz nicht einen Begriff mit selbständigem Inhalt einzuführen beabsichtigt hat, sondern Sinn und Bedeutung dem allgemeinen bürgerlichen Recht entnommen wissen will.“

§ 4.

Für diese Feststellung läßt sich aber Eins allerdings als allgemeinen Grundsatz aufstellen, gleichsam als Warnungstafel auf dem verschlungenen Pfade der Untersuchung.

Der Umstand nämlich, daß das Strafgesetzbuch sich einer Bezeichnung bedient, die auch das Bürgerliche Gesetzbuch kennt, beweist an und für sich noch keineswegs, daß damit nun auch der privatrechtliche Begriff gemeint, Sinn und Bedeutung dem bürgerlichen Recht entnommen sei. Denn es giebt Gegenstände, sowie natürliche Verhältnisse und Zustände, an die sowohl die Privatrechtsordnung als die öffentliche Rechtsordnung jede ihre besonderen Beziehungen und Rechtsfolgen anknüpfen, zum Gegenstand ihrer besonderen Rechtsschriften machen. Wenn nun beide Rechtsgebiete sich des gemeinsamen, oft dem gewöhnlichen Leben entnommenen Ausdrucks für diese Gegenstände und natürlichen Zustände bedienen, so folgt daraus noch nicht, daß die daran geknüpften der einen Rechtsordnung eigentümlichen Rechtsfolgen auch für die andere Rechtsordnung maßgebend sein müssen.

Einige solcher gemeinsamen Bezeichnungen seien im Folgenden betrachtet.

I. Hierher gehört zunächst das Wort „Sache". Von „Sachen" spricht sowohl das Bürgerliche Gesetzbuch als das Strafgesetzbuch an den verschiedensten Stellen. Es wäre jedoch verfehlt, wenn man aus der Gleichheit des Ausdruckes ohne weiteres schließen wollte, daß mit „Sache" notwendig auch jedesmal das Strafgesetzbuch eine Sache im Sinne des Bürgerlichen Gesetzbuches meinte. Denn wenn das Strafgesetzbuch von Sache spricht, so will es damit nicht ein lediglich der Privatrechtsordnung unterstehendes Schutzobjekt bezeichnen, sondern nimmt Sache in seinem besonderen Sinne, je nachdem der Begriff sich aus der besonderen Bestimmung ergiebt. Der Umstand, daß auch die Privatrechtsordnung es mit Sachen zu thun hat und damit ihren eigenartigen Begriff verbindet, nur „körperliche Gegenstände" nach § 90 des Bürgerlichen Gesetzbuches als Sachen bezeichnet, berührt dabei das Strafrecht in der Regel gar nicht. Das Bürgerliche Gesetzbuch sagt auch selbst sehr richtig in der Erkenntnis seines beschränkten Geltungsgebietes: „Sachen im Sinne des Gesetzes — nämlich des Bürgerlichen Gesetzbuches — sind nur körperliche Gegenstände", läßt somit allen anderen Rechtsgebieten frei, unter Sachen zu verstehen, was sie wollen.

Nun ist ja freilich richtig, daß auch das Strafgesetzbuch unter Sache zumeist eine körperliche Sache versteht, aber nicht, weil vom Jahre 1900 ab das Bürgerliche Gesetzbuch unter ihnen nur körperliche Gegenstände begreift, sondern weil es als ein des Rechtsschutzes würdiges Objekt dann eben in dem besonderen Falle nur einen körperlichen Gegenstand erachtet. Denn in anderen Fällen versteht es unter „Sache“, abweichend vom Bürgerlichen Gesetzbuche, auch unkörperliche Sachen, die das Bürgerliche Gesetzbuch als „Gegenstände“ bezeichnet. Während z. B. aus § 136 des Strafgesetzbuches sich ergiebt, daß dort unter Sachen nur körperliche zu verstehen sind, denn das Gesetz spricht vom „Verschluß von Sachen“, ist in § 137 des Strafgesetzbuches nur allgemein von „Entziehung von Sachen aus der Verstrickung“ die Rede, und hier werden unter Sachen — wenigstens nach der allgemeinen Meinung und auch der des Reichsgerichts[1] — auch Forderungen verstanden. Es kann dahingestellt bleiben, ob dies richtig ist oder nicht — die Entstehungsgeschichte dieser Vorschrift und das Bedürfnis sprechen für die Richtigkeit der Ansicht — jedenfalls ist der Umstand, was das Bürgerliche Gesetzbuch unter Sachen versteht, für die Auslegung des § 137 des Strafgesetzbuches ohne Bedeutung. Ebenso ist unbestritten, daß in § 266 Nr. 1 des Strafgesetzbuches unter Sachen auch unkörperliche Gegenstände zu verstehen sind.[2]

II. Weiter gehört hierher der „Besitz“. Hiermit berühren wir ja nun freilich einen Punkt, der außerordentlich umstritten ist. Daß das Wort „Besitz“ vor allem ein Ausdruck des gewöhnlichen Lebens und nicht etwa nur eine juristisch-technische Bezeichnung ist, mit der in jedem Falle notwendig der gleiche Begriff verbunden wird, dürfte nicht geleugnet werden können, ebensowenig, daß im gewöhnlichen Leben mit „Besitz“ sehr verschiedenartige thatsächliche Beziehungen bezeichnet werden. Schon hieraus wäre zu schließen, daß, wenn in verschiedenen Gesetzen von „Besitz“ und „besitzen“ gesprochen wird, jedesmal genau zu prüfen sei, was im gegebenen Falle darunter zu verstehen ist. Dies ist aber umsomehr geboten, als sich bei einem Umblick nicht nur im Reichsstrafgesetzbuche, sondern auch in den verschiedenen Nebenstrafgesetzen des Reiches und der Bundesstaaten ergiebt, daß in der That der Ausdruck „Besitz“ auch vom Gesetzgeber in der verschiedensten Bedeutung angewendet wird. Teils steht er geradezu für Eigentum, teils für den selbständigen, teils für den unselbständigen Besitz; alle möglichen Schattierungen sind

---

[1] Entsch. in Straff. Bd. 12 S. 184.

[2] Olshausen, Kommentar zum Strafgesetzbuch § 266 Note 3.

vertreten, auch wissentlichen und unwissentlichen Besitz kennen die Gesetze.

Zum Beweise sei eine kleine Blütenlese vorgeführt:

A. Sehr oft bedeutet „Besitzer“ soviel wie Eigentümer. In diesem Sinne spricht

1. a) das Reichsgesetz, betr. die Beschränkung des Grundeigentums in der Umgebung von Festungen, vom 21. Dez. 1871 in seiner Strafbestimmung § 32 von „Grundbesitzern“,

b) das sächsische Allgemeine Berggesetz vom 16. Juni 1868 in § 64 von „Bergwerksbesitzern“,

c) das sächsische Gesetz, die Ausübung der Jagd betr., vom 1. Dez. 1864 in § 2 und § 3 abwechselnd und ohne Unterscheidung zu machen von „Besitzern von Häusern“, von „Grundbesitzern“ und „Eigentümern von Grundstücken“,

d) das Reichsgesetz, betr. die Erhebung einer Abgabe von Salz, vom 12. Okt. 1867 in § 7 und anderwärts von „Salzwerksbesitzern“,

e) das sächsische Mandat, die Elbstromufer- und Dammordnung enthaltend, vom 7. Aug. 1819 spricht von „Besitzern von Schiffsmühlen“, „Besitzern von Fähren“.

f) Sogar der Entwurf eines der neuesten Reichsgesetze, des Gesetzes, betr. die gemeinsamen Rechte der Besitzer von Schuldverschreibungen, hält sich nicht an die Ausdrucksweise des Bürgerlichen Gesetzbuches und spricht von Besitzern statt von Eigentümern von Schuldverschreibungen.

2. Die Gleichstellung von Besitzer und Eigentümer findet jedoch nicht nur bei unbeweglichen, sondern auch bei beweglichen Sachen statt:

a) Die Ausführungsverordnung zu dem sächsischen Gesetze, die Ausübung der Tierheilkunde betr., vom 14. Dez. 1858 in der Fassung vom 29. Sept. 1869 spricht von „Tierbesitzern“.

b) Das Reichsgesetz, betr. die Abwehr und Unterdrückung von Viehseuchen, vom 23. Juni 1880 spricht in § 9 von „Besitzern von Haustieren“, in § 34 von „Besitzern von Hunden“, in § 46 von „Besitzern von Herden“, die Ausführungsverordnung hierzu von „Besitzern von Pferden“.

c) Auch die sächsische Verordnung, die Aushebung von Pferden betr., vom 1. März 1877 spricht von „Pferdebesitzern".

d) Die sächsische Verordnung, die Besteuerung der Nachtigallen betr., vom 1. Dez. 1864 spricht gar von dem „bleibenden Besitz einer Nachtigall".

B. Aber nicht nur „Besitzer", auch „Inhaber" wird geradezu für Eigentümer gebraucht, so wenn z. B.

a) das Reichs-Zolltarifgesetz vom 24. Mai 1885 in § 3a von „Inhabern von Ölmühlen",

b) die sächsische Verordnung, die ausländischen Apothekergehilfen betr., vom 24. Aug. 1876 von „Apothekeninhabern" spricht.

C. Andererseits wird oft von „Besitzern" gesprochen, wobei das Gesetz es ganz dahingestellt sein lassen will, ob bloßer Besitz oder ob Eigentum vorliegt und wo es jedenfalls schon an die thatsächliche Inhabung seine Rechtsfolgen knüpft. So

a) wenn in § 5 des Reichs-Zolltarifgesetzes hinsichtlich der Reisenden als von „Besitzern der Wagen", in denen sie fahren, gesprochen wird,

b) die sächsische Verordnung vom 28. Juli 1856 in § 1 den „Besitz von Kanonen" verbietet.

c) Das Reichsgesetz, gegen den verbrecherischen und gemeingefährlichen Gebrauch, vom 9. Juni 1884 spricht mehrfach von Besitz. Es bestimmt

in § 7: „Wer Sprengstoffe in seinem Besitze hat in der Absicht, durch Anwendung derselben Gefahr für das Eigentum 2c. herbeizuführen, wird mit Zuchthaus bis zu 10 Jahren bestraft",

in § 8: „wer Sprengstoffe wissentlich in seinem Besitz hat, unter Umständen, die nicht erweisen, daß dies zu einem erlaubten Zweck geschieht, wird mit Zuchthaus bis zu 5 Jahren bestraft".

Hier setzt das Gesetz also auch einen unwissentlichen Besitz — übrigens in Übereinstimmung mit dem Bürgerlichen Gesetzbuche — als möglich voraus;

in § 9: „wer im Besitze von Sprengstoffen getroffen wird, ohne polizeiliche Erlaubnis nachweisen zu können, wird mit Gefängnis von 3 Monaten bis zu 2 Jahren bestraft".

Daß hier überall nicht ein Erbschaftsbesitz im Sinne von § 857 des Bürgerlichen Gesetzbuches in Frage kommen kann, braucht wohl kaum gesagt zu werden.[1]

Zur Bezeichnung der bloßen Inhabung bedient sich ferner

d) das Vereinszollgesetz vom 1. Juni 1869 in § 13 des Ausdruckes „natürlicher Besitzer".

e) Die vorhin schon erwähnte Verordnung, die Abwehr von Viehseuchen betr., spricht endlich auch von „Besitzern von Räumlichkeiten".

D. Von „Besitz und Gewahrsam" spricht außer dem § 246 des Strafgesetzbuches auch Art. 4 des sächsischen Forststrafgesetzes vom 4. April 1873. —

Diese Auslese wird genügen, um zu erkennen, daß mit „Besitz" und „Innehabung" in den verschiedenen Gesetzen sehr verschiedene Begriffe verbunden werden, daß damit keineswegs gerade der zivilistische Begriff des Besitzes in seinen sämmtlichen Abwandlungen hat verstanden werden sollen. Nur wenn wirklich der von der Privatrechtsordnung geregelte Besitz zum Rechtsschutzobjekt hat erhoben werden sollen, oder wenn sonst das Strafgesetzbuch, indem es von Besitz oder Inhabung spricht, nur eben den privatrechtlichen Besitzbegriff einzuführen beabsichtigt hat, kann aber die Neuordnung des Besitzes durch das Bürgerliche Gesetzbuch von Einfluß sein. Andernfalls wirken die Vorschriften des Bürgerlichen Gesetzbuches darüber, welche thatsächlichen Lebensvorgänge und Verhältnisse nach ihm als Besitz anzusehen sind und welche Wirkungen und Folgen es an diese Vorgänge knüpft, eben nur für die Privatrechtsordnung, für die sie allein bestimmt sind und deren durchaus eigenartige Bedürfnisse sie regeln wollen. Auf die Frage, ob auch das Strafrecht in denselben Lebensvorgängen und Zuständen einen Besitz erblickt oder nicht, hat das bürgerliche Recht an sich nicht den geringsten Einfluß.[2]

Denn bleiben wir einmal nicht am Worte haften, sondern sehen wir die Sache selber an! Dann werden wir finden, daß die Bezeichnung eines Zustandes als Besitz doch schließlich nur ein konventioneller ist. Wie so oft, scheidet auch hier nur das Wort die Über-

[1] Derselben Ansicht v. Bülow im Archiv f. Strafrecht 1897 S. 221.

[2] Entsch. des RG. in Straff. Bd. 12. S. 257.

einstimmung der Meinungen. Die Betrachtung und Auffassung der thatsächlichen Verhältnisse ist schließlich dieselbe.

Setzen wir für das Wort „Besitz" das, was wir mit ihm bezeichnen wollen, die Ausübung einer thatsächlichen Herrschaftsgewalt über eine Sache, so wird ohne weiteres einleuchten, daß die Intensität dieser Sachbeherrschung eine sehr verschiedene sein kann. Sie ist am stärksten, wenn ich die Sache in meiner Hand halte oder sie im eigentlichen Sinne des Wortes „besitze", sie wird schwächer und schwächer, je weiter ich mich räumlich von ihr entferne. Aber solange ich gleichwohl noch jederzeit zu ihr gelangen und nach Belieben auf sie einwirken kann, ohne daß ein anderer seinerseits mir in dieser Einwirkung zuvorkommt, so lange mag man wohl mit Recht noch sagen, daß ich die thatsächliche Herrschaftsgewalt über die Sache habe. Aber ist diese Einwirkung gehindert, sei es, daß ich nicht mehr weiß, wo sich die Sache befindet, oder daß sonst sich eine Scheidewand zwischen ihr und mir aufgerichtet hat, so ist auch die Beherrschung der Sache zu Ende. — Nun kann ich weiter auch eine Sache durch das Mittel eines Anderen beherrschen. Dann besitze ich gleichsam die Sache von langer Hand. Nur ist dazu freilich erforderlich, daß dieser Andere meinem Willen so gehorcht und meiner Verfügung so untersteht, wie meine Hand als Glied meines Körpers meinem Willen gehorcht. Ist dies aber der Fall, so beherrsche ich ebenso die Sache, als wenn ich sie selber in der Hand hielte. Doch auch hier wieder kann es Abstufungen in der Abhängigkeit und der Unterwerfung des Willens jenes Anderen geben, je nach dem Verhältnisse, in dem er sich zu mir befindet. Er kann mein Sklave sein, mein Dienstbote, er kann auch nur obligatorisch mir verbunden sein, in bestimmter Weise mit der Sache nach meinen Anordnungen zu verfahren. Und endlich kann die Beherrschung einer Sache so verflüchtigt sein, daß sie thatsächlich nur noch in einem Anspruch auf die Sache besteht, in der Möglichkeit, sie meiner Einwirkung einmal zu unterwerfen.

Die thatsächliche Herrschaftsgewalt über eine Sache kann endlich auch mehreren Personen gleichzeitig zustehen. Man spricht hier im allgemeinen von Mitbesitz. Es ist jedoch dabei im einzelnen zu unterscheiden.

Zunächst ist es erforderlich, sich klar zu machen, daß in der Ausübung der thatsächlichen Herrschaftsgewalt über eine Sache in der Regel zwei verschiedene Momente enthalten sind, die nicht als einander gleichwertig behandelt werden dürfen: einmal liegt darin — nach außen hin — die Abhaltung der Einwirkung anderer, die Aufrichtung einer Schranke gegen die Sachbeherrschung und Verfügungsgewalt von Seiten anderer, sodann enthält sie — nach innen hin — die eigene Einwirkung auf die Sache selbst, die thatsächliche Beherrschung und Verfügung über die Sache unmittelbar. Das bloße Abhalten anderer Personen von der Beherrschung einer Sache ist aber noch nicht gleichbedeutend mit dem eigenen Festhalten, mit der eigenen Beherrschung der Sache. Man kann sehr wohl in der Lage sein, andere von jeder Einwirkung auf die Sache abzuhalten, braucht davon aber noch nicht selbst imstande oder auch nur Willens zu sein, selber auf die Sache einzuwirken. Das Bestehen einer solchen Schranke hat daher nur negativ Bedeutung, insofern dadurch erkenntlich wird, daß derjenige, dem gegenüber sie errichtet ist, abgehalten ist auf die Sache einzuwirken, dieser also keinen Besitz hat; sie hat aber keine positive Bedeutung, insofern das Fehlen der Schranke noch nichts darüber erkennen läßt, ob deswegen schon eine Sachbeherrschung von seiten eines anderen vorliegt. Behält man dies im Auge, so werden die verschiedenartigen Gestaltungen, die eine Sachbeherrschung durch mehrere Personen gewinnen können, deutlich werden. Es mögen diese Verschiedenheiten sofort an einem Beispiele veranschaulicht werden.

1. Fall: Ein Geldschrank ist nur mit einem Schloß verschlossen. Jeder der beiden Prokuristen einer Handelsfirma hat einen Schlüssel zum Schloß.

2. Fall: Ein Geldschrank ist mit zwei ungleichen Schlössern verschlossen, zu dem zwei verschiedene Personen, etwa der Rendant und der Kassenkontrolleur je den zugehörigen Schlüssel haben, so daß der Schrank also nur durch beide Personen zusammen geöffnet werden kann.

3. Fall: Der eine giebt dem anderen eine verschlossene Geldkassette, zu der er aber den Schlüssel behält und die nur er öffnen kann, in Aufbewahrung.

Die Frage ist, wer hat Besitz an dem Inhalte der Geldschränke und der Kassette? Hierbei muß man die obenbetonten verschiedenen Momeute auseinander halten. Dann wird sich zunächst ergeben, wer keinen Besitz und wer möglicherweise Besitz haben kann.

Zu 1. Da jeder Prokurist einen Schlüssel hat, der das Schloß des Geldschrankes öffnet, so kann jeder die Beherrschung des Schrankinhaltes ausüben, es ist durch den Verschluß des Schrankes seiten des anderen keine Schranke zwischen ihm und dem Inhalt aufgerichtet. Der Besitz ist also für keinen ausgeschlossen.

Zu 2. Da der Rendant und der Kassenkontrolleur nur je einen Schlüssel zu einem Schloß haben, so richtet jeder dadurch, daß er sein Schloß, das der andere mit seinem Schlüssel nicht öffnen kann, verschlossen hält, eine Schranke gegen die Sachbeherrschung durch den anderen auf. Diese und somit der Besitz ist also für einen jeden für sich allein ausgeschlossen.

Zu 3. Da der Depositar über die Kassette die Sachbeherrschung hat, hat er in demselben Umfange die Sachbeherrschung notwendig auch über deren Inhalt. Weiter als bis zur Sachbeherrschung der Kassette geht aber seine Einwirkungsmöglichkeit auf den Inhalt nicht, die unmittelbare Einwirkung auf den Inhalt selbst ist durch den Verschluß der Kassette ausgeschlossen, insoweit eine Schranke errichtet. Er besitzt also nicht die volle Sachbeherrschung über den Inhalt, diese ist vielmehr durch den Verschluß der Kassette beschränkt. Die Frage, ob der Depositar die thatsächliche Herrschaft über den Inhalt der Kassette ausübt, also den Besitz an diesem hat, läßt sich also weder schlechthin mit ja noch mit nein beantworten: die Sachbeherrschung ist eben nur beschränkt möglich, und es ist lediglich ein Wortstreit, ob man durch diese Beschränkung der Einwirkungsfähigkeit den „Besitz“ als ausgeschlossen erachten will oder nicht.

Nunmehr erst läßt sich wieder bestimmen, ob in den einzelnen Fällen Sachbeherrschung vorliegt und wie diese gestaltet ist.

Zu 1. Da jeder Prokurist unabhängig vom anderen in der Einwirkungsmöglichkeit auf den Schrankinhalt ist, so hat auch jeder von den beiden selbständige Sachbeherrschung. Es liegt also gleichzeitiger Besitz mehrerer vor, Mitbesitz, aber nicht gemeinschaftlicher Besitz.

Zu 2. Da Rendant und Kontrolleur nur durch gemeinschaftliches Zusammenwirken auf die Sache einwirken können, nicht jeder für sich allein, so können auch nur beide zusammen, nicht jeder für sich den Inhalt des Schrankes besitzen. Es liegt also gemeinschaftlicher Besitz vor.

Zu 3. Da volle und unmittelbare Einwirkung auf den Inhalt der Kassette selbst nur durch das Zusammenwirken des Depositars und des Deponenten, der allein diese öffnen und den Weg zum Inhalt freimachen kann, möglich ist, so liegt auch hinsichtlich des Inhalts insoweit gemeinschaftlicher Besitz vor. Zu gleicher Zeit ist aber die selbständige Sachbeherrschung nicht völlig ausgeschlossen, also anders als wie zu 2. Denn der Depositar hat, wie wir sehen, zu gleicher Zeit beschränkte selbständige Sachbeherrschung des Inhaltes, und auch der Deponent hat beschränkte Sachbeherrschung des Inhaltes, nur ist diese nicht in ihrem Ende, sondern in ihrem Beginn beschränkt durch die Verfügungsmacht des Depositars über die Kassette. Je nach der Intensität, in der nun der Depositar diese dem Deponenten gegenüber geltend macht, richtet sich in umgekehrtem Verhältnisse die Intensität der Verfügungsmacht des Deponenten über den Inhalt. Besteht die Herrschaftsmacht des Depositars über die Kassette ohne zugleich dem Deponenten gegenüber eine Schranke gegen den Zutritt zu ihr aufzurichten, so hat dann der Deponent selbständig die volle Verfügungsmacht und Herrschaft über den Inhalt der Kassette, der Depositar nur die beschränkte Sachherrschaft im Umfange der Beherrschung der Kassette. Man könnte dies auch als relativen Besitz bezeichnen. Denn während die Sachbeherrschung über den Inhalt jedem Dritten gegenüber zur Geltung kommt, weicht sie gegenüber der Herrschaft des Deponenten. Solche Verhältnisse liegen z. B. vor bei der Ermietung eines Schrankfaches im Depositenraum einer Bank, wenn nur der Ermieter mit der nur ihm bekannten Schlüsselstellung das Fach zu öffnen vermag und die Bank ihm zu dem Depositenraum jederzeit freien Zutritt gewährt.

Es giebt also unendlich viele Abstufungen und Gestallungen in der Beherrschung einer Sache. Bis zu welcher dieser Abstufungen man herabgehen kann, um noch von „Besitz“ zu reden, welchen Grad und welche Gestaltung von Beherrschung einer Sache man voraussetzt, um sie als Besitz zu bezeichnen, das beruht, wie ich meine, eben lediglich auf Konvention und subjektiver Ansicht. Der Sprachgebrauch des gewöhnlichen Lebens ist hierin durchaus nicht gleichmäßig, er geht bald weiter, bald ist er enger, je nachdem ihm noch eine derartige intensive Beherrschung der Sache vorzuliegen scheint, daß sie mit dem eigentlichen „besessen werden“ verglichen werden mag.

Und so können es auch die Bedürfnisse des privatrechtlichen Verkehrs erfordern, daß für diesen eine möglichst weite Erstreckung der Sachbeherrschung noch als Besitz bezeichnet, ja daß für die Privatrechtsordnung sogar dann noch Besitz als vorhanden angenommen wird, wenn die Beherrschung der Sache schon so schwach geworden ist, daß weder nach dem gewöhnlichen Sprachgebrauch noch nach anderen Rechtsordnungen eine derartig schwache Beherrschung der Sache Besitz genannt wird. Endlich kann auch gar wohl eine Sachbeherrschung, ein Besitz, von der Privatrechtsordnung nur fingiert werden. Nur darf man dann nicht vergessen, daß die Fiktion jenes Besitzes eben nur eine Fiktion ist und keine wirklichen und natürlichen Zustände und Lebensvorgänge zu schaffen vermag, und daß eine solche Fiktion nicht weiter Geltung beanspruchen kann als für das Rechtsgebiet, für das sie aufgestellt worden ist. So wenig wie die Fiktion, daß ein Mensch gestorben sei, die das Bürgerliche Gesetzbuch durch die Todeserklärung zuläßt, den Menschen tötet, sowenig schafft die privatrechtliche Fiktion, daß Besitz da sei wo nicht die geringste Beherrschungsmöglichkeit einer Sache vorliegt, Besitz.

Hier ist jedoch vor einem Mißverständnisse, das auch wohl zu Einwendungen gegen unsere Darlegungen führen könnte, zu warnen. Von den Fiktionen nämlich sind wohl zu unterscheiden die Wandlungen in der Auffassung und Beurteilung der natürlichen Verhältnisse. Fiktion ist die Gleichstellung eines bestimmten Zustandes in gewissen Beziehungen mit einem anderen Zustand, obwohl man sich der thatsächlichen Verschiedenheit beider bewußt ist.

Bei der Rechtsfiktion setzt also in rechtlicher Beziehung das Recht zwei thatsächlich verschiedene Zustände zum Zwecke der Anknüpfung gleicher Rechtsfolgen gleich. Immer aber ist man sich der Verschiedenheit der thatsächlichen Verhältnisse bewußt, denn sonst bedürfte man ja eben gar nicht der Fiktion.

Völlig verschieden hiervon ist, wenn Zustände, die bisher als thatsächlich verschiedenartig angesehen wurden, nunmehr als thatsächlich gleich betrachtet werden. Dann ändert sich das Urteil, die natürliche Auffassung über bestimmte Lebensvorgänge, sei es, indem man Unterschiede, die vordem erkannt wurden, nicht mehr erkennt, oder indem man Unterschiede, denen man früher Bedeutung beilegte, für unwesentlich ansieht und nunmehr an Stelle der früheren Verschiedenheit die Gleichartigkeit ins Gewicht fallen läßt. Dann fingiert man nicht, daß der eine Zustand dem anderen gleich sei, sondern man beurteilt beide nunmehr thatsächlich gleich. Ein solcher Wandel der Anschauungen und Beurteilungen ist aber nun freilich sehr wohl möglich und auch auf dem Gebiete des Rechts keineswegs unerhört. Es ist ohne weiteres zuzugeben, daß auch in der Auffassung der thatsächlichen Beherrschung einer Sache als Besitz sich eine solche Wandlung vollziehen kann, umsomehr, als, wie erwähnt, jetzt schon diese Auffassung schwankend und nicht fest begrenzt ist. Inwieweit die rechtlichen Bestimmungen des neuen Deutschen Bürgerlichen Gesetzbuches diese natürliche Auffassung der Dinge zu beeinflussen vermögen, kann jetzt selbstverständlich noch gar nicht abgesehen werden. Daß sie einen solchen Einfluß ausüben können, wird nicht wohl zu leugnen sein, ja es wäre durchaus denkbar, daß mit der Zeit der Einfluß soweit ginge, daß wir die natürlichen Herrschaftsverhältnisse über eine Sache künftighin überhaupt nur noch durch die gefärbte Brille der Paragraphen des Bürgerlichen Gesetzbuches erblickten und im übrigen farbenblind würden, so daß uns die rechtliche Auffassung des Bürgerlichen Gesetzbuches durchweg als die natürliche, den wirklichen Zuständen entsprechende Beurteilung erschiene. Dann aber wäre die Anwendung dieser so umgewandelten natürlichen Auffassung auf andere als zivilrechtliche Rechtsgebiete eben immer nur die Anwendung der natürlichen Auffassung, und man sähe auch dort in Verhältnissen und Zuständen Besitz, weil man eben nach der — umgewandelten — natürlichen Lebensanschauung in ihnen Besitz erblickte, nicht aber weil das Bürgerliche Gesetzbuch seinerseits auch darin Besitz findet! Denn maßgebend ist für andere Rechtsgebiete eben nicht die Auffassung des Bürgerlichen Gesetzbuches, sondern die jedem besondern Recht entsprechende Auffassung.

Würde man sonach künftig — infolge der Bestimmung des Bürgerlichen Gesetzbuches — etwa dahin gelangen, dem Erben die thatsächliche Herrschaft über die Erbschaftssachen lediglich zufolge seines Erbrechts zuzuerkennen, ihn nach der natürlichen Auffassung schon weil er Erbe ist als Besitzer ansehen, so würde dann sofort die Frage, ob an unergriffenen Erbschaftssachen Diebstahl oder Unterschlagung vorliege, erledigt sein. Dann wäre auch nach der natürlichen Auffassung der Dinge stets ein solches Herrschaftsverhältnis zwischen Erbe und Erbschaftssachen da, das als Besitz angesehen würde und dessen Verletzung daher Diebstahl wäre. Nur, und das muß scharf betont werden, eben dann der natürlichen — gewandelten — Auffassung zu Liebe und nicht wegen der Vorschriften des Bürgerlichen Gesetzbuches. Und deshalb tritt dies auch erst ein, wenn einmal diese natürliche Auffassung sich entsprechend geändert haben sollte, nicht schon mit dem Inkrafttreten des Bürgerlichen Gesetzbuches am 1. Januar 1900!

Derartiger weiten Erstreckung des Besitzbegriffes auf die Beherrschung einer Sache, obwohl die Herrschaft nur noch ganz schwach ist, derartiger Fiktionen des Besitzes hat sich nun auch das Bürgerliche Gesetzbuch, um dem privatrechtlichen Verkehr zu genügen, bedient. Denn neben der Anerkennung der unmittelbaren, thatsächlichen Gewalt über eine Sache, sei es durch eigene Herrschaftsausübung, sei es durch einen unselbständigen Besitzdiener (§ 854 u. § 855 des Bürgerlichen Gesetzbuches), erstreckt es den Besitzbegriff als „mittelbaren Besitz" auch auf die Verhältnisse, wo die Herrschaftsmacht über einen andern, die thatsächliche Gewalt Ausübenden nur in gewissen obligatorischen Rechten gegen ihn besteht (§ 868 des Bürgerlichen Gesetzbuches), ja es fingiert sogar schon den bloßen Anspruch des Erben auf die Einräumung des thatsächlichen Besitzes als Besitz (§ 857 des Bürgerlichen Gesetzbuches). Daß aber sowohl dieser

Erbbesitz als der mittelbare Besitz nur ein fingierter sei und der stärkeren, unmittelbaren Beherrschung der Sache nicht gleichkomme, also thatsächlich etwas anderes ist als der Besitz nach § 854 des Bürgerlichen Gesetzbuches, verkennt auch das Bürgerliche Gesetzbuch nicht.[1]

Für das Strafrecht haben alle diese zivilrechtlichen Erstreckungen und Fiktionen des Besitzes auf Zustände und Verhältnisse, die keine wirkliche Sachbeherrschung im Sinne des Besitzbegriffes des gewöhnlichen Lebens enthalten, nun gar keine Bedeutung,[2] es wäre denn, daß ausdrücklich der Besitzbegriff des Privatrechtes, das ganze Herrschaftsverhältnis über eine Sache, soweit es das Privatrecht als Besitz auffaßt, als Schutzobjekt des Strafrechts anzusehen sei oder sonst sich ergäbe, daß das Strafrecht mit seiner Bezeichnung den besonderen privatrechtlichen Besitz meinte.

Das ist nun allerdings behauptet worden bei dem Delikt des Diebstahls und der Unterschlagung. Nimmt man an, daß bei dem Diebstahl, der eine Verletzung sowohl des Eigentums als des Besitzes an einer Sache enthält, ebenso wie das Eigentum auch der privatrechtlich geregelte Besitz in der ganzen Ausdehnung des Herrschaftsverhältnisses, wie es die Privatrechtsordnung anerkennt und weil es diese anerkennt, das Rechtsschutzobjekt ist, so wird man notwendig auch die Bestimmungen des Bürgerlichen Gesetzbuches über den Besitz von Einfluß sein lassen müssen. Dann muß man aber auch konsequent sein und überall dort Besitz annehmen, wo diesen das Bürgerliche Gesetzbuch annimmt und dort verneinen, wo ihn das Bürgerliche Gesetzbuch verneint. Denn ist es lediglich die Bedeutung für den privatrechtlichen Verkehr und das Ergriffensein von der Privatrechtsordnung, die die Beherrschung der Sache zum Rechtsschutzobjekt erhebt, so ist das Bedürfnis des Rechtsschutzes auch überall dort und nur dort gegeben, wo nach privatrechtlicher Auffassung Besitz vorliegt; die Normen wollen dann unmittelbaren und mittelbaren und Erbschaftsbesitz in gleicher Weise schützen, und die Verletzung auch eines solchen Besitzstandes ist Diebstahl.

---

[1] Vgl. Strohal, Der Sachbesitz. S. 102.

[2] Vgl. auch v. Bülow a. a. O.

Doch die Auffassung, als wolle das Strafgesetzbuch § 242 den privatrechtlich geordneten Besitz schützen, ist abzulehnen[1] und damit zu verneinen, daß die im Bürgerlichen Gesetzbuch enthaltene Abänderung der Besitzregulierung entscheidend dafür sei, ob Diebstahl oder Unterschlagung vorliege. Und zwar aus folgenden Gründen:

1. Zunächst ist dafür, welchen Grad von Beherrschung einer Sache der Begriff des Diebstahls im Sinne des Strafgesetzbuches voraussetzt, von Bedeutung schon der Ausdruck des Gesetzes selbst. Denn es spricht nicht allgemein von Besitzentziehung, sondern davon, daß „einem andern eine Sache weggenommen" wird. Unter „wegnehmen" versteht man aber die Entfernung einer Sache aus dem unmittelbaren Herrschaftsbereich eines Menschen; es werden irgendwelche äußerlich sichtbare Beziehungen, die diese Beherrschung der Sache vermitteln, vorausgesetzt und als Hindernisse für den Zugriff eines andern gedacht, und gerade in Überwindung dieser Hindernisse, in der Entfernung aus dem befriedeten Bereiche liegt das Wegnehmen. Dem Wegnehmen entspricht auf der anderen Seite ein „festhalten." Nur eine Sache, die in irgend einer Weise in dem Herrschaftsbereiche eines Menschen festgehalten wird, kann man wegnehmen. Darum liegt im Wegnehmen eine Beseitigung des Festhaltens des anderen, ein Angriff auf dessen Persönlichkeitsbethätigung. Bei einem fingierten Besitze aber trifft alles dies nicht zu. Hier wird rechtlich angenommen, als unterstände die Sache der Herrschaft eines anderen, ohne daß dieser thatsächlich die Sache festhält und ergreift.

2. Auf das Vorliegen solcher thatsächlichen Beherrschung der Sache als eines Hinderungsmittels ihrer Entfernung, als Festhaltungsmittel weisen auch die Qualifikationen des Diebstahls hin. Überall handelt es sich dabei nämlich um die Wegnahme aus einem besonders gesicherten und geschützten Besitz, um die Überwindung einer besonders starken Herrschaftsgewalt. Immer aber bleibt, wenn man sich das als Qualifikation gedachte Merkmal wegdenkt, eine Wegnahme aus unmittelbarem, thatsächlichen Besitze übrig. Eine Qualifikation des fingirten Besitzes des Bürgerlichen Gesetzbuches ist gar nicht denkbar.

---

[1] Vgl. auch Binding, Lehrbuch des gem. dtsch. Strafrechts. Besonderer Teil S. 149; v. Bülow a. a. O. S. 221; Hälschner, Gemeines deutsches Strafrecht Bd. 2 S. 283; Olshausen, Kommentar zum Strafgesetzbuch S. 242.

3. Auch die Entstehungsgeschichte der Wortfassung von § 242 des Strafgesetzbuches läßt erkennen, daß man den zivilrechtlichen Besitz nicht als Rechtsschutzobjekt einführen wollte. § 242 des deutschen Strafgesetzbuches entspricht dem § 215 des preußischen Strafgesetzbuches, und die Motive hierzu sagen ausdrücklich: „es sei nicht die Wortfassung „aus dem Besitz oder Gewahrsam" eines anderen, sondern lediglich die „einem anderen wegnehmen" gewählt worden, weil daraus deutlich hervorgehe, daß der Bestohlene die Detention der Sache noch gehabt haben müsse, der Ausdruck „Gewahrsam" aber bei der Unklarheit der landrechtlichen Lehre vom Besitz möglichst zu vermeiden sei" (Goltdammer Mat. II, S. 459).

4. Von derselben Ansicht, daß der zivilrechtliche Begriff von Besitz auf die Bestimmung des Delikts von Diebstahl und Unterschlagung einflußlos sei, ging aber auch die Reichstagskommission für die Beratung eines Bürgerlichen Gesetzbuches aus. Der innerhalb der Kommission gestellte Antrag, in § 246 des Strafgesetzbuches hinter „Besitz" das Wort „Gewahrsam" zu streichen, weil das Bürgerliche Gesetzbuch nicht mehr zwischen Besitz und Gewahrsam = Inhabung unterscheide, wurde mit der ausdrücklichen Begründung abgelehnt, daß diese Begriffe für das Strafrecht nicht aus dem Zivilgesetzbuche zu substantiieren, sondern lediglich aus dem Reichsstrafgesetzbuche selbst zu entwickeln seien (Bericht der Reichstagskommission, 182).

So sind also wichtige Faktoren der Gesetzgebung sowohl beim Strafgesetzbuch als beim Bürgerlichen Gesetzbuche darüber einig gewesen, daß die zivilrechtliche Begriffsbestimmung des Besitzes für die Bestimmung von Diebstahl oder Unterschlagung einflußlos sein solle.

5. Endlich sind die Konsequenzen, die aus der Anwendung der Vorschriften des Bürgerlichen Gesetzbuches über den Besitz für die Bestimmung des Diebstahles oder der Unterschlagung folgen, unannehmbar und zwar gerade hinsichtlich des Erbbesitzes, um dessentwillen gern die Anwendung der Grundsätze des Bürgerlichen Gesetzbuches gefordert wird.[1] Man setze folgenden Fall. Ein alter Mann

[1] Diese Forderung scheint mir übrigens weniger aus der Überlegung, daß der Erbe die thatsächliche Herrschaft erlangt habe und ihm etwas weggenommen werde, als aus dem auf altgermanischer Auffassung beruhenden dunklen Gefühle zu entspringen, daß der Tote selber noch den Besitz habe und ihm die Sache

lebt einsam auf eigenem Grundstücke etwa im bairischen Hochwald oder geht auf einsamem Waldwege in menschenverlassener Gegend. Die schwangere Wittwe seines verstorbenen Sohnes lebt in Königsberg, ihr zu erwartendes Kind wird der einzige Erbe dieses Mannes sein. Stirbt dieser nun plötzlich einsam in seinem Grundstücke oder auf dem Waldwege bevor das Kind geboren ist, so wird gleichwohl nach der Geburt des Kindes nach dem Rechte des § 857 des Bürgerlichen Gesetzbuches angenommen, daß der Besitz an den Erbschaftssachen bereits zur Zeit des Erbanfalles, also zur Zeit des Todes des Mannes und als das Kind noch nicht geboren war, auf das Kind übergegangen sei. Mit anderen Worten: für das Privatrecht ist bereits der Nasciturus Besitzer, wenn er nur nachher lebendig geboren wird. Nimmt nun sofort nach erfolgtem Tode des Mannes und bevor irgend jemand anderes an den hinterlassenen Sachen wirklichen Besitz im Sinne von § 854 des Bürgerlichen Gesetzbuches ergriffen hat, jemand, der etwa in das Hausgrundstück, in dem nur der Tote liegt, einsteigt, oder der den Toten auf einsamem Waldwege liegen findet, aus dessen Nachlaß einen Gegenstand, um sich ihn rechtswidrig anzueignen, so nimmt er privatrechtlich dem Nasciturus die Sache aus dem Besitz. Wenn dies maßgebend für § 242 des Strafgesetzbuches wäre, müßte festgestellt werden, daß er einem anderen, nämlich einem Kinde, das noch gar nicht auf der Welt ist, eine Sache weggenommen habe! Daß in den genannten Beispielen aber thatsächlich niemand mehr und noch niemand wieder, am wenigsten das Kind im Mutterleibe, eine Sachbeherrschung ausübt, daher wohl das Eigentum, aber nicht der Besitz jemandes durch die Ansichnahme verletzt wird, scheint mir wenigstens gewiß.[1] Sollte es freilich einmal dahin kommen, daß

noch weggenommen werde. Das Gefühl übersieht, daß mit dem Leben sofort auch die Herrschaftsmacht erloschen sei, und es folgt hierin noch instinktiv der altgermanischen Ansicht, daß die Seele des Verstorbenen noch seinen Leichnam umschwebe und auf die Umgebung einwirke. Deshalb wurde auch der Leichenraub (walraupa) als Vergehen gegen die Religion, als eine Verletzung und Beleidigung der Seele des Verstorbenen angesehen: dieser wurde die Sache weggenommen.

[1] Derartige Fälle sind übrigens mehr theoretisch als praktisch wichtig, denn in Wirklichkeit wird wohl meist irgend jemand thatsächlichen Besitz am Nachlaß des Toten sofort erlangen.

beeinflußt durch die Bestimmung des Bürgerlichen Gesetzbuches sich die Auffassung des thatsächlichen Verhältnisses so wandelte, daß auch dem Nasciturus eine thatsächliche Sachbeherrschung zuerkannt wird, so würde dann aus diesem Grunde, nicht weil es das Bürgerliche Gesetzbuch bestimmt, Diebstahl vorliegen.

Endlich hat der sogenannte Besitzdiener im Sinne von § 855 des Bürgerlichen Gesetzbuches keinen Besitz. Daß er gleichwohl vielfach eine thatsächliche Herrschaftsgewalt über die Sache ausübt — ich erinnere nur an den in einem Geschäft angestellten Kassierer — wird nicht zu leugnen sein. Trotz der Vorschrift in § 855 des Bürgerlichen Gesetzbuches wird also in vielen solchen Fällen „Besitz und Gewahrsam" im Sinne von § 246 des Strafgesetzbuches vorliegen. Erachtete man aber die Bestimmungen des Bürgerlichen Gesetzbuches über den Besitz für maßgebend, weil eben nur der privatrechtlich geordnete Besitz Rechtsschutzobjekt sei, so dürfte man in derartigen Fällen niemals Unterschlagung, sondern müßte stets Diebstahl annehmen.[1]

So ergiebt sich denn, daß die Frage, ob Besitz im Sinne von §§ 242 und 246 des Strafgesetzbuches vorliegt, künftighin noch gerade wie bisher ganz unabhängig von den Bestimmungen über Besitz, die das Zivilrecht giebt, zu beantworten ist. Daß insbesondere auch § 246 des Strafgesetzbuches trotz seiner positiven Fassung nur die Aneignung ohne diebliche Wegnahme treffen will, ist allgemein anerkannt.[2] Wichtig wird dieser selbständige Begriff des „Wegnehmens" im Strafrecht namentlich auch bei den obenbehandelten Fällen des Mitbesitzes.

III. Aber Strafrecht und Zivilrecht haben noch mehr gemeinsame Ausdrücke, die gleichwohl nicht identische Lebensvorgänge treffen.

Ja selbst wenn das Strafgesetzbuch sich anscheinend rein technisch-zivilrechtlicher Ausdrücke bedient, ist nicht immer schon das Bürgerliche Recht allein maßgebend. Hierher gehört der Ausdruck kaufen und verkaufen.

---

[1] Diese notwendige Konsequenz wird auch von den Gegnern nicht gezogen, vgl. Sächs. Archiv Bd. 8 S. 319.

[2] Vgl. Kapff, Die Unterschlagung S. 30 ff.; Binding, Lehrbuch S. 143.

a) § 109 des Strafgesetzbuches verbietet das „Kaufen“ und „Verkaufen“ von Wahlstimmen in öffentlichen Angelegenheiten. Daß hier nicht ein Vertrag im Sinne von § 433 des Bürgerlichen Gesetzbuches gemeint sein kann, leuchtet ein, denn die dort gegebene Begriffsbestimmung von Kauf würde nicht passen. Vom Kauf einer Sache kann nicht die Rede sein, denn das Bürgerliche Gesetzbuch versteht unter Sachen nur körperliche Gegenstände. Es handelt sich auch nicht um den Verkauf eines Rechtes, etwa des Wahlrechtes, denn dies ist unübertragbar, und der „Verkäufer“ übt gerade das ihm zustehende Wahlrecht aus, wenn auch in einem vom „Käufer“ gewünschten Sinne. Endlich braucht auch der „Kaufpreis“ nicht in Geld zu bestehen, wie das Bürgerliche Gesetzbuch voraussetzt,[1] es genügt vielmehr die Gewährung von Vorteilen irgend welcher Art.[2] So wird also lediglich ein dem Kaufvertrag ähnliches Verhältnis mit dem Sprachgebrauche des gewöhnlichen Lebens bezeichnet.

b) Wenn ferner in § 184 und 259 des Strafgesetzbuches von „verkaufen“ und „ankaufen“ gesprochen wird, so ist damit allerdings der Abschluß eines Kaufvertrages im zivilrechtlichen Sinne gemeint. Gleichwohl faßt das Strafgesetzbuch auch hier die Handlung weiter und sieht das Kaufen und Verkaufen als erfolgt an nicht mit dem Privatrecht im Abschlusse des Konsensualvertrages, sondern erst in der Übergabe und Übernahme der gekauften Sache, und in dieser Erfüllung des Kaufvertrages erblickt es sogar erst die deliktische Handlung, noch nicht im Abschlusse des Vertrages selbst. Denn das Strafgesetzbuch faßt in § 184 das „Verkaufen“ als Unterart des „Verbreitens“ und in § 259 das „Ankaufen“ als Unterart des „Ansichbringens“ auf.[3]

IV. Der gleichen Erscheinung begegnen wir endlich auch im Familienrecht hinsichtlich der verwandtschaftlichen Bezeichnungen. Das Strafgesetzbuch spricht ebenso wie die übrigen Reichsgesetze von Verwandtschaft und Schwägerschaft, ohne diese Begriffe zu bestimmen, und es ist gewiß die Annahme naheliegend, daß es

---

[1] Vgl. 1. Entwurf § 460, § 433 des Bürgerlichen Gesetzbuches „Kaufpreis zahlen“.

[2] Entsch. des RG. in Strafs. Bd. 6 S. 194.

[3] Vgl. Olshausen, Kommentar zu § 184 u. § 259.

die Bezeichnungen in demselben Sinne gebraucht wie die Privatrechtsordnung bei der Regelung des Familienrechts. Und doch ist dies nicht durchweg der Fall, z. B. kommt für das Strafrecht die durch uneheliche Abstammung vermittelte Verwandtschaft und Schwägerschaft unter Umständen [1] in Betracht, auch wenn sie vom Zivilrecht nicht oder nur in geringerem Umfange anerkannt wird. Daß die Vorschriften des Bürgerlichen Gesetzbuches über die Verwandtschaft für das Strafrecht jedenfalls nicht schlechthin maßgebend sein sollen, ergiebt sich jetzt auch klar aus Art. 33 des Einführungsgesetzes zum Bürgerlichen Gesetzbuche, worin die Reichsgesetze einzeln aufgeführt werden, für die das Bürgerliche Gesetzbuch von Einfluß ist, das Strafgesetzbuch aber weggelassen worden ist, und zwar wie die Motive des Einführungsgesetzes auf S. 69 ergeben, beabsichtigterweise.

§ 5.

Haben wir bisher einige Fälle betrachtet, in denen das Bürgerliche Gesetzbuch, obwohl es für den ersten Blick zu erwarten wäre, keinen Einfluß auf das Strafrecht ausübt, so mag jetzt unter den zahlreichen Fällen, in denen zweifellos ein solcher vorliegt und auch nicht leicht verkannt werden wird, einer hervorgehoben werden, der freilich nicht immer auf der Oberfläche liegt, aber mit der bedeutendste von allen sein dürfte: der Einfluß auf die Widerrechtlichkeit einer Handlung.

Auch hier ist wieder davon auszugehen, daß Strafrechtsschutz Rechtsgüterschutz ist, und daß der Staat aus eigener Machtvollkommenheit bestimmt, welche Güter er des Schutzes für wert hält, wie weit und wann er ihn gewähren will. Für diese Bestimmung ist nun aber in vielen Fällen eben das Verhältnis, in dem das Gut von der Privatrechtsordnung ergriffen wird und wie nach dieser mit ihm verfahren werden darf, maßgebend. Hiernach bestimmt sich 1. ob das Gut überhaupt generell als strafrechtlich geschütztes Objekt gelten soll, 2. ob etwa, wenn schon im allgemeinen das Gut als rechtlich geschützt anerkannt wird, doch im einzelnen Falle Ausnahmen von dem Normenschutze vorliegen, die Norm, die die Ver-

[1] Nicht immer, vgl. unten S. 45.

letzung oder Gefährdung des Gutes verbietet, im konkreten Falle keine Giltigkeit beansprucht, weil die verletzende und gefährdende Handlung durch die Privatrechtsordnung erlaubt oder verboten ist.[1]

1. a) So sind taugliche Objekte der Brandstiftung nach dem Willen des Gesetzgebers von vornherein gewisse in § 308 des Strafgesetzbuches aufgeführte Gegenstände nur dann, wenn sie im Eigentume, sei es eines anderen oder des Brandstifters selbst stehen, nicht aber wenn sie herrenlos sind — gewiß eine Verkennung der Gemeingefährlichkeit der Brandstiftung auch an herrenlosen Sachen, aber geltenden Rechts.

b) Die Schutzlosigkeit des angegriffenen Objektes kann ferner eintreten, wenn der Schutz nur um des Berechtigten Willen gewährt wurde, Schutzobjekt ein reines subjektives Privatrecht war und der Berechtigte dieses im Zeitpunkte der That giltig aufgegeben hat. So kann keine Eigentumsverletzung, keine Pfandrechtsverletzung begangen werden, wenn der Berechtigte das Recht aufgiebt, etwa dem Dieb im Moment der Wegnahme die Sache zu Eigentum überläßt. Sehe ich, daß Jungen auf meinen Baum geklettert sind und Äpfel stehlen wollen, so begehen sie keinen Diebstahl, wenn ich sie gewähren lasse in der Absicht, ihnen die gepflückten Äpfel zu schenken, auch wenn sie nichts davon wissen.

Die Frage aber, ob eine solche giltige Aufgabe eines subjektiven Privatrechtes, etwa des Eigentums, vorliegt, beantwortet sich lediglich nach den Regeln des Privatrechtes, und es werden daher die Vorschriften des Bürgerlichen Gesetzbuches über die Geschäftsunfähigkeit und beschränkte Geschäftsfähigkeit von Bedeutung. Der Geschäftsunfähige kann selbständig Eigentum nicht aufgeben; wenn er also die Wegnahme der Äpfel den Jungen gestattet, so ist das einflußlos und hebt die Widerrechtlichkeit der Eigentumsverletzung nicht auf. Die Frage, ob etwa bei giltigem Verzicht ein Versuch am untauglichen Objekt vorliege und strafbar sei, berühre ich nicht.

Hier wird auch wichtig, ob ein Geschäftsunfähiger in der Lage

---

[1] Vgl. im allgemeinen Bindings Handbuch des Strafrechts Bd. 1 S. 689 ff.

ist, den Besitz an einer Sache aufzugeben, wenigstens dann, wenn es sich um Besitz im zivilrechtlichen Sinne handelt. Sieht man nämlich in jeder Besitzaufgabe einen rechtsgeschäftlichen Vorgang, so wird man auch Geschäftsfähigkeit verlangen müssen von dem, der befugt ist, den Besitz aufzugeben. Ich gestehe, in der Aufgabe des thatsächlichen, unmittelbaren Besitzes im Sinne von § 854 des Bürgerlichen Gesetzbuches einen solchen rechtsgeschäftlichen Akt ebensowenig finden zu können, wie er allgemein nicht in der Erwerbung des Besitzes gefunden wird.[1] Ich glaube, wie ein Wahnsinniger z. B. durch Finden Besitzer einer verlorenen Sache werden kann, so kann er auch wirksam den Besitz daran wieder aufgeben.[2] Dann begeht aber derjenige, der ihn zur Hergabe einer Sache veranlaßt, keine Besitzverletzung, er nimmt ihm nicht eine Sache weg, er begeht also keinen Diebstahl, sondern höchstens eine Unterschlagung, wenn es geschieht, um sich die Sache rechtswidrig zuzueignen. Aber richtig wird der Frage, ob auf dem Gebiete des Privatrechtes Besitz von einem Geschäftsunfähigen aufgegeben werden kann oder nicht, für die Frage, ob Diebstahl oder Unterschlagung vorliegt, überhaupt keine Bedeutung beigelegt, sondern für das Strafrecht selbständig beantwortet. Darnach kann ein Entmündigter ebensowohl wie ein Kind unter 7 Jahren unter Umständen sehr wohl fähig sein, Besitz an einer Sache aufzugeben, sie aus der thatsächlichen Herrschaft zu entlassen. Wenn ein solcher Mensch daher freiwillig eine Sache einem anderen übergiebt, liegt für das Strafrecht niemals Wegnahme im Sinne von § 242 des Strafgesetzbuches vor.

2. Fehlt in den eben genannten Fällen ein rechtlich geschütztes Objekt, so ist in anderen die Verletzung des im allgemeinen geschützten Rechtsgutes zufolge besonderer Befugnis erlaubt. Wie aber die Rechtsgüter selbst den verschiedensten Rechtsgebieten angehören können, ebenso gründet auch die Befugnis zur Verletzung eines im allgemeinen geschützten Rechtsgutes im besonderen Falle in allen Rechtsgebieten, im Staatsrecht, im öffentlichen Recht — ich erinnere an

---

[1] Vgl. Strohal, Sachbesitz S. 75.

[2] a. M.: Binding, Handbuch des Strafrechtes S. 714 Note 20.

das dem Scharfrichter geltende Gebot der Tötung des zum Tode Verurteilten, an die Enteignungsbefugnis im öffentlichen und staatlichen Interesse. Oft statuiert das Strafgesetzbuch selber die Ausnahme von seinen Normen. Eine große Anzahl derartiger Befugnisse giebt nun auch das Privatrecht.

a) Hierher gehört zunächst die Notwer, die dem Bürgerlichen Gesetzbuche und dem Strafgesetzbuche nunmehr in ihrem objektiven Umfange gemeinsam ist. Sie giebt das Recht zur Verletzung des sonst geschützten Rechtsgutes des Lebens, der Gesundheit u. s. w., sobald diese Verletzung erforderlich wird, um einen gegenwärtigen rechtswidrigen Angriff von sich oder einem anderen[1] abzuwenden, § 53 des Strafgesetzbuches und § 227 des Bürgerlichen Gesetzbuches. Das Bürgerliche Gesetzbuch sagt noch ausdrücklich, eine durch Notwer gebotene Handlung ist nicht widerrechtlich, womit es die Ausnahme von der sonst vorliegenden Normwidrigkeit noch besser als das Strafgesetzbuch zum Ausdruck bringt.

Dagegen bleibt insofern ein Unterschied zwischen der strafrechtlichen und der zivilrechtlichen Notwer bestehen, als die vom Strafgesetzbuch als straflos erachtete Überschreitung der Notwer in Bestürzung, Furcht und Schrecken nach dem Bürgerlichen Gesetzbuch anders als nach römischem Rechte widerrechtlich bleibt und zu Schadenersatz verpflichtet.[2] Der Umstand aber, daß das Bürgerliche Gesetzbuch die Verletzung eines Rechtsgutes in Überschreitung der Notwer für widerrechtlich, nicht für eine Ausnahme vom allgemeinen Verletzungsverbot ansieht, hebt die im Strafgesetzbuch auch für diesen Fall errichtete weitere Ausnahme von der Widerrechtlichkeit nicht auf, da ja das Bürgerliche Gesetzbuch überhaupt nicht unmittelbar das Strafgesetzbuch abändern will. Dasselbe wird von der Putativnotwer gelten müssen.

Besondere Notwerfälle hebt sodann § 859 des Bürgerlichen Gesetzbuches noch gegen Angriffe auf den Besitz, denen es

---

[1] Anders als nach römischem Recht, das nur die Verteidigung eigenen Rechtes gestattete.

[2] Kuhlenbeck, Von den Pandekten zum Bürgerlichen Gesetzbuch. Erster Teil, zweite Hälfte S. 535.

die Störungen der im Grundbuch eingetragenen Grunddienstbarkeitsausübungen nach § 1029 des Bürgerlichen Gesetzbuches und der beschränkten persönlichen Dienstbarkeiten gleichstellt, § 1090, hervor, wobei zu beachten ist, daß der Besitz in gleicher Weise sich auf bewegliche wie unbewegliche Sachen bezieht. Die Motive[1] begründen diese besondere Regelung damit, „daß mit dem Aussprechen des Verbotes vim ne facias possidenti der Vorteil verbunden sei, daß die nicht allzu fern liegenden Zweifel an der Unerlaubtheit von Einwirkungen auf die Sache, welche ohne Willen des Inhabers vorgenommen werden, sich beseitigen. Solange und soweit die Inhabung einer Person daher bejaht werden müsse, sei jede Handlung, welche dem auf die Durchsetzung der Herrschaft über die Sache gerichteten Willen des Inhabers Zwang anthue, als vis aggressiva zu beurteilen. Der Inhaber könne hiernach in die Lage kommen, mit Thätlichkeiten gegen die Person eines anderen seinerseits zu beginnen, ohne deshalb zum Angreifer zu werden, welcher sein ausnahmsweises Selbsthilferecht darzuthun habe." Bei der Umstrittenheit der Frage nach der „Wehrhaftigkeit des Besitzes"[2] ist diese Regelung nur zu billigen. Hier also wird der zivilrechtliche Besitzbegriff und der durch das Bürgerliche Gesetzbuch gegebene Besitzesschutz auch für das Strafrecht von hervorragender Bedeutung. Wer „Besitzer", was „verbotene Eigenmacht" sei, ist hier allein nach den Vorschriften des Bürgerlichen Gesetzbuches zu beurteilen, vgl. §§ 858 und 859 des Bürgerlichen Gesetzbuches.[3]

Schwierig ist hierbei unter Umständen die Feststellung, ob verbotene Eigenmacht vorliegt oder nicht. Die Entziehung oder Störung des Besitzes ist nämlich nicht verbotene Eigenmacht, gegen die das Notwerrecht nach § 859 des Bürgerlichen Gesetzbuches gegeben ist, sofern das Gesetz die Entziehung oder Störung gestattet. Derartige „Störungen und Besitzentziehungen" gestattet es aber vielfach, z. B. hat nach § 867 des Bürgerlichen Gesetzbuches der Besitzer eines

[1] Mot. Bd. 3 S. 111; Denkschrift S. 58.

[2] Bindings Handbuch a. a. O. S. 744 ff.

[3] Insoweit ist also nunmehr die von Binding a. a. O. S. 745 gegebene Kasuistik nach dem Bürgerlichen Gesetzbuche zu entscheiden.

Grundstückes die Aufsuchung und Wegschaffung zu gestatten, wenn eine Sache auf sein Grundstück gelangt ist, und darf unter Umständen die Aufsuchung auch nicht verweigern, vgl. auch § 1005 des Bürgerlichen Gesetzbuches; nach § 258 des Bürgerlichen Gesetzbuches besteht ebenfalls eine Pflicht für den Besitzer einer Sache, einem anderen die Wegnahme einer Einrichtung daran zu gestatten. Allen diesen Störungen darf also nicht mit Gewalt entgegengetreten werden. Geschieht es dennoch, so würde umgekehrt gegen diese Gewalt das Notwerrecht gestattet sein. Ob dieses Wegnahmerecht ohne weiteres mit allen Mitteln eigenmächtig durchgeführt werden darf, ist im Gesetze nicht ausgesprochen und sicher sehr zweifelhaft. Ich glaube aber, daß es sich hier um besondere Fälle der Selbsthilfe handelt, in denen der Berechtigte schlechthin eigenmächtig vorgehen darf, wennschon innerhalb der erlaubten in § 230 des Bürgerlichen Gesetzbuches gezogenen Grenzen.

Wichtig bei alledem ist zweierlei. Zunächst hat der Begriff des „Erwehrens" eine Ausdehnung durch die Bestimmung erfahren: „wird eine bewegliche Sache dem Besitzer mittelst verbotener Eigenmacht weggenommen, so darf er sie dem auf frischer That betroffenen oder verfolgten Thäter mit Gewalt wieder abnehmen (Nacheile). Wird dem Besitzer eines Grundstückes der Besitz durch verbotene Eigenmacht entzogen, so darf er sofort nach der Entziehung sich des Besitzes durch Entsetzung des Thäters wieder bemächtigen (besonderes Selbsthilferecht). Sowohl im Falle der besonderen Notwer gegen Besitzentziehung als dem der Nacheile und des besonderen Selbsthilferechtes durch Entsetzung des Thäters von dem Besitze des Grundstückes findet ebensowenig wie bei der Notwer im allgemeinen nach § 227 des Bürgerlichen Gesetzbuches und § 53 des Strafgesetzbuches eine Beschränkung in der Anwendung der durch den Zweck erforderten Mittel statt, eben weil diese als besondere Fälle der Notwer behandelt werden. Insbesondere tritt eine solche Beschränkung im Gegensatze zu den Bestimmungen des ersten Entwurfes § 815 Abs. 3[1] auch nach dem Bürgerlichen Gesetzbuches nicht ein bei der Entsetzung desjenigen,

[1] Mot. Bd. 3 S. 113.

der durch verbotene Eigenmacht den Besitz eines Grundstückes entzogen hat. In allen diesen Fällen also ist jede Anwendung von Gewalt, die erforderlich ist, um sich der verbotenen Eigenmacht zu erwehren, bei Nacheile die bewegliche Sache dem Thäter wieder wegzunehmen und den anderen aus dem Grundstücke zu entsetzen, erlaubt. Hiermit sind aber ebensoviel Ausnahmen von dem Verbote der Anwendung der gewaltthätigen Einwirkung auf Personen oder Sachen gemacht; in gleicher Weise, wie durch die Notwer Tötungen, Nötigungen, Sachbeschädigungen, Hausfriedensbrüche u. s. w. ihrer Widerrechtlichkeit entkleidet werden, ebenso sind die hier gestatteten Gewaltanwendungen dann Ausnahmen von jenen Delikten. Da diese Fälle Notwerfälle sind, so kommt es auch nicht auf ein entsprechendes Wertverhältnis zwischen dem zu schützenden Besitz und dem Rechtsgute des Angreifers, daß in der Notwer zu verletzen ist, an. Ferner müssen auch all die Grundsätze von der Putativnotwer und dem Irrtum hier Anwendung finden. Denn selbst nach den Grundsätzen des Reichsgerichtes schützt nicht bloß Irrtum über Thatsachen, sondern auch Irrtum über zivilrechtliche Normen. Hierunter fallen aber insbesondere die vom Zivilrecht aufgestellten Ausnahmen von der Widerrechtlichkeit gewisser Verletzungen. Faßt man dies ins Auge und berücksichtigt man noch den Umstand, daß schon jede Besitzstörung widerrechtlich und verbotene Eigenmacht ist, deren man sich also mit Gewalt erwehren kann, so ergiebt sich, daß, indem man schon den bloßen Besitz als ein „wehrhaftes Gut" anerkennt, durch diese Notwerausdehnung das Strafrecht stark beeinflußt wird.

Befugt zu der in § 859 des Bürgerlichen Gesetzbuches freigegebenen Gewaltanwendung ist nur der unmittelbare Besitzer und zum Schutze von dessen Besitz der unselbständige Besitzer, § 860 des Bürgerlichen Gesetzbuches. Seine eigene unselbständige Inhabung für sich zu schützen ist der unselbständige Inhaber nicht befugt. Ferner ist diese Gewaltanwendung auch statthaft gegen die Nachfolger im fehlerhaften Besitz, sofern dieser die Fehlerhaftigkeit nach § 858 des Bürgerlichen Gesetzbuches gegen sich gelten lassen muß. Hiermit erfolgt also eine außerordentlich weite Ausdehnung des Notwerrechtes. Dies umsomehr, als zum Begriffe der verbotenen Eigenmacht überhaupt nicht gehört, daß der Besitz vorsätzlich oder fahrlässig entzogen worden ist.

Es erhebt sich hier noch die Frage, ob die vom Strafgesetzbuche straflos gelassene Überschreitung der Notwer in Bestürzung, Furcht oder Schrecken auch bei den hier besonders aufgestellten Notwerfällen gegen Besitzstörung Anwendung zu finden haben. Ich glaube, dies wird nur dann erfolgen dürfen, wenn sie sich als besondere Fälle des allgemeinen Notwerbegriffes nach § 53 des Strafgesetzbuches darstellen. Insofern aber die vom Deutschen Bürgerlichen Gesetzbuche gegebene Erweiterung des Notwerbegriffes vorliegt, wie z. B. im Falle der Entsetzung des Besitzers eines Grundstückes, so dürfen die für die Notwer nach § 53 des Strafgesetzbuches statuierten Befreiungsgründe nicht ohne weiteres Platz greifen, abgesehen davon, daß sie thatsächlich nur selten vorhanden sein werden.

b) Weitere Ausnahmen vom Verbote der Gefährdung und Verletzung von Rechtsgütern läßt das Gesetz in einzelnen Notstandslagen zu. Keineswegs erkennt der Gesetzgeber etwa jeden Notstand als hinreichenden Grund dafür an, sich über das Verbot der Verletzung eines Rechtsgutes hinwegzusetzen. Das würde ja eine völlige Preisgabe des geschützten Rechtsgutes in die subjektive Wertschätzung des Einzelnen bedeuten. Denn in unseren komplizierten Lebensverhältnissen ist sehr oft die Erhaltung des einen Rechtsgutes nur bei Vernichtung eines anderen möglich, kann häufig die Erfüllung einer Rechtspflicht nur mit Verletzung einer anderen vorgenommen werden. Dieser Konflikt der Pflichten, diese Kollision von Rechtsgütern ist aber eben das Wesen des Notstandes. Welches Rechtsgut, welche Rechtspflicht in einem solchen Notstande jedoch aufzuopfern sei, das zu bestimmen ist allein Sache des Gesetzgebers. Er, der beide Rechtsgüter an sich unter seinen Schutz nimmt, kann allein sagen, welches Rechtsgut das wertvollere von beiden für ihn ist, welches daher dem anderen vorzuziehen sei, wenn beide zugleich nicht erhalten werden können. So bestimmt das Strafgesetzbuch in § 54 selbst, daß, wenn das Rechtsgut des Lebens und des Leibes eines Menschen oder seiner Angehörigen in Gefahr ist, jedes andre Rechtsgut vom Gefährdeten oder seinem Angehörigen verletzt werden kann.

Diesem Notstandsfall hat nun das Bürgerliche Gesetzbuch in § 228 einen anderen hinzugefügt, nämlich der Kollision zwischen einer Sache, als welche auch ein Tier anzusehen ist, und jedem beliebigen anderen Rechtsgute. Es enthält also insofern einerseits eine Beschränkung, andererseits eine Erweiterung des Notstandsfalles nach § 54 des Strafgesetzbuches. Während nach dem Strafgesetzbuche nur zu Gunsten des Lebens und Leibes seiner selbst oder eines Angehörigen das kollidierende Rechtsgut verletzt werden darf, kann nach dem Bürgerlichen Gesetzbuch zu Gunsten jedes Rechtgutes und einer jeden, auch fremden Person, die kollidierende Sache verletzt werden. Während dagegen nach dem Strafgesetzbuch jedes kollidierende Rechtsgut verletzt werden darf, bezieht sich die Verletzungsbefugnis des Bürgerlichen Gesetzbuches nur auf eine Sache. Hierbei ist dann wieder der Unterschied zwischen § 228 und § 904 des Bürgerlichen Gesetzbuches gemacht worden, ob die Sache selbst die Gefahr für das bedrohte Rechtsgut bringt, oder ob die Gefahr von anderer Seite droht, die Aufopferung der Sache aber oder auch nur das bloße Einwirken auf sie in irgend einer Weise gleichwohl zur Abwendung der Gefahr notwendig ist, ob die Sache also gleichsam unschuldiger Weise mit in den Konflikt hineingezogen wird.

Aber der Unterschied mit dem im Strafgesetzbuche geordneten Notstandsfall geht noch weiter. Zwar ist das gefährdete Rechtsgut nach dem Bürgerlichen Gesetzbuche nicht, wie im Strafgesetzbuche, das Leben und der Leib des Thäters oder seines Angehörigen, sondern jedes beliebige — auch fremde — Rechtsgut, aber die Beschädigung und Zerstörung der kollidierenden Sache ist sowohl nach § 228 als nach § 904 des Bürgerlichen Gesetzbuches nur erlaubt, „wenn der Schaden nicht außer Verhältnis zu der Gefahr steht.“ Es tritt also der Gesichtspunkt der Relativität der Interessen ein.[1] Ob dabei noch ein feiner Unterschied zwischen dem § 228 des Bürgerlichen Gesetzbuches, wo der Schaden „nicht außer Verhältnis zu der Gefahr stehen soll“, und zwischen dem § 904 des Bürgerlichen Gesetzbuches,

[1] Kuhlenbeck, Von den Pandekten zum Bürgerlichen Gesetzbuch. Erster Teil, zweite Hälfte, S. 536.

wo der Schaden „nicht unverhältnismäßig groß" sein soll, besteht, wie manche wollen,[1] lasse ich dahingestellt.

Wichtig jedoch ist noch folgende Erweiterung des durch das Bürgerliche Gesetzbuch eingeführten Notstandsfalles. In ihm ist nämlich im Gegensatz zum § 54 des Strafgesetzbuches die Widerrechtlichkeit der Beschädigung und Einwirkung auf die kollidierende Sache auch dann nicht vorhanden, wenn der Notstand verschuldeter Weise — gleichgiltig ob vorsätzlich oder fahrlässig — herbeigeführt worden ist.

Durch die erwähnten Erweiterungen des Notstandsfalles sind aber die Ausnahmen von dem Verbot der Sachbeschädigung des § 303 des Strafgesetzbuches, des Hausfriedensbruches, der Übertretung nach § 368 Nr. 9 und 10 des Strafgesetzbuches u. a. wesentlich vermehrt worden. Denn es spricht das Bürgerliche Gesetzbuch in § 228 und 904 selbst aus, daß in diesen Fällen eine rechtswidrige Sachbeschädigung nicht mehr vorliegt. Die in § 228 des Bürgerlichen Gesetzbuches geordnete Schadenersatzpflicht für verschuldeten Notstand ändert an der Auffassung des Gesetzgebers, daß die Sachbeschädigung nicht rechtswidrig sei, nichts. Die Schadenersatzpflicht wird hier vielmehr entsprechend den übrigen Bestimmungen des Bürgerlichen Gesetzbuches auch an nicht rechtswidrige Handlungen in Beachtung des bloßen Kausalitätsprinzipes geknüpft.

c) Ferner wird die Widerrechtlichkeit von sonst verbotenen Verletzungen noch dadurch ausgeschlossen, daß die Verletzung zum Zwecke erlaubter Selbsthilfe vorgenommen wird. Als solche Verletzungen gestattet das Bürgerliche Gesetzbuch in § 229 die des Besitzes einer Sache, des Eigentums einer Sache durch ihre Zerstörung und Beschädigung — wodurch allenthalben wieder das Delikt der Sachbeschädigung, des Diebstahls ꝛc. eingeengt wird —, ja es gestattet sogar die Freiheitsberaubung eines Menschen und übt dadurch einen Einfluß auf die Nötigungs-, die Freiheitsberaubungs- und die Erpressungsdelikte des Strafgesetzbuches aus.[2]

[1] Kuhlenbeck a. a. O. S. 542.
[2] Weitere Selbsthilfefälle siehe S. 43.

Außer in § 229 des Bürgerlichen Gesetzbuches kennt das Bürgerliche Gesetzbuch auch in § 561 Abs. 1 ein Selbsthilferecht des Vermieters gegen den ziehenden Mieter, wenn es bestimmt: „Der Vermieter darf die Entfernung der seinen Pfandrechten unterliegenden Sachen, soweit er ihr zu widersprechen berechtigt ist, auch ohne Anrufen des Gerichtes verhindern und, wenn der Mieter auszieht, die Sachen in seinen Besitz nehmen." Zur Durchführung dieses seines Rechtes darf er jede erforderliche Gewalt anwenden, wodurch ebenfalls Ausnahmen von den sie verbietenden Normen aufgestellt werden.

Hier ist ferner auch noch das nach Art. 89 des Einführungsgesetzes aufrecht erhaltene Privatpfändungsrecht von Sachen zum Schutze der Grundstücke und ihrer Erzeugnisse zu erwähnen.

Endlich gehören hierher auch die aus dem Nachbarrecht fließenden Berechtigungen, die ebenfalls ihren Einfluß auf die Delikte der Sachbeschädigung, des Diebstahls, des Hausfriedensbruches ꝛc. ausüben.

So steht nach § 910 des Bürgerlichen Gesetzbuches dem Eigentümer eines Grundstückes das Recht zu, Wurzeln und Zweige eines Baumes oder Strauches, die von einem Nachbargrundstück auf das seine eingedrungen sind und dessen Benutzung beeinträchtigen, abzuschneiden und zu behalten. Er begeht damit also keine Sachbeschädigung und keinen Diebstahl, obwohl er sich fremde bewegliche Sachen aneignet, und zwar möglicherweise wider den Willen des Eigentümers, denn die Aneignung ist nach § 910 des Bürgerlichen Gesetzbuches nicht widerrechtlich. Dasselbe gilt von den überfallenden Früchten gemäß § 911 des Bürgerlichen Gesetzbuches.

d) Besondere Schwierigkeiten bieten die Vorschriften des Bürgerlichen Gesetzbuches über das Eherecht in Bezug auf die Frage, ob etwa dadurch die Bestimmungen der §§ 171 und 173 des Strafgesetzbuches Abänderungen erfahren haben.[1] Die der Strafbestimmung in § 171 des Strafgesetzbuches zu Grunde liegende Norm hat nochmals ausdrückliche Formulierung in § 1309 Abs. 1 des Bürgerlichen Gesetz-

[1] Hierauf hat schon Bingner im Sächs. Archiv Bd. 6 S. 8 ff. aufmerksam gemacht.

buches gefunden. Hieraus erhellt aber deutlich, daß — anders als nach der Auffassung des früheren gemeinen Rechtes und auch der Carolina — das in § 171 des Strafgesetzbuches bedrohte Delikt darin besteht, daß trotz formell rechtsbeständig eingegangener Ehe ein zweites Mal in formell rechtsbeständiger Weise eine Ehe von dem bereits durch den früheren Eheschluß Verbundenen geschlossen wird, bevor die erste Ehe für aufgelöst oder nichtig erklärt worden ist. Es ist also der Mißbrauch der Eheschließungsform, der in § 171 des Strafgesetzbuches mit Strafe bedroht ist.[1] Kommt es aber lediglich darauf an, ob die frühere Ehe bereits für aufgelöst oder nichtig erklärt worden ist, so ist es gleichgültig, ob die frühere Ehe nach dem Zivilrecht thatsächlich nichtig war oder nicht.[2]

Die im Bürgerlichen Gesetzbuch neugeordneten Nichtigkeitsgründe und insbesondere der Umstand, daß diese Nichtigkeit nur mittels Klage geltend gemacht werden kann, beeinflussen also die Strafbestimmungen im § 171 des Strafgesetzbuches an sich nicht. Denn da nur dann eine neue Ehe geschlossen werden darf, wenn die frühere für aufgelöst erklärt worden ist, kann durch Unterlassung der Nichtigkeitsklage niemals ein rechtmäßiger und strafloser Zustand der Bigamie hergestellt werden.[3]

Dagegen scheint mir allerdings § 173 des Strafgesetzbuches nicht unerheblich beeinflußt. Die Entscheidung dieser Frage hängt jedoch davon ab, was das geschützte Rechtsgut nach § 173 des Strafgesetzbuches sei. Erblickt man als dieses die Gesundheit und den sittlichen Bestand der Ehe und des Familienlebens, das bedingt ist durch den reinen Verkehr der Familienglieder und deshalb mit Ausnahme der Eheleute selbst zwischen diesen wie die Eingehung einer Ehe so auch den Beischlaf miteinander verbietet, so wird das Verbot des Beischlafes seinem Inhalte nach entsprechen dem Verbote, miteinander eine Ehe einzugehen, und in der That hat sich das Delikt des § 173 des Strafgesetzbuches geschichtlich auch aus dem Verbot an gewisse

[1] Vgl. Hälschner, das gemeine deutsche Strafrecht Bd. 2 S. 475; Binding, Lehrbuch a. a. O. S. 107.

[2] Vgl. Hälschner u. Binding a. a. O.

[3] Dies wird anscheinend von Bingner a. a. O. übersehen.

miteinander verwandte Personen, eine Ehe zu schließen, als incestus iuris civilis entwickelt.[1]

Das Wesen des Deliktes ist also die geschlechtliche Beiwohnung zwischen Personen, die einander wegen Verwandtschaft und Schwägerschaft nicht heiraten dürfen.[2]

Wenn nun das Bürgerliche Gesetzbuch den Kreis derjenigen Personen, die miteinander eine Ehe eingehen dürfen, erweitert, so gestattet es damit mittelbar zu gleicher Zeit auch die Beischlafsvollziehung zwischen diesen Personen und engt den Kreis derjenigen, die sich nicht heiraten dürfen und deren Beischlafsvollziehung eben deshalb auch § 173 des Strafgesetzbuches verbietet, ein. Denn es wäre allerdings barer Unsinn, wenn das Gesetz auf der einen Seite die Heirat zwischen zwei Personen gestatten, auf der anderen aber den Beischlaf zwischen ihnen mit Zuchthaus und Gefängnis nach § 173 des Strafgesetzbuches bestrafen wollte.[3] Die in § 173 des Strafgesetzbuches aufgezählten Personen, denen die Beischlafsvollziehung miteinander verboten ist, müssen also identisch sein mit den Personen, denen nach dem Bürgerlichen Gesetzbuch die Eheschließung miteinander verboten ist. Diese Personen ergeben sich aber aus § 1310 des Bürgerlichen Gesetzbuches in Verbindung mit § 1327, insofern nur die zwischen diesen genannten Personen geschlossene Ehe für nichtig erklärt wird. Daß mit Rücksicht auf die Bestimmung in § 1589 Abs. 2 des Bürgerlichen Gesetzbuches, wonach ein uneheliches Kind und dessen Vater nicht als verwandt gelten, hiernach, sofern nicht § 1310 Abs. 3 des Bürgerlichen Gesetzbuches eingreift, das sittliche Gefühl verletzende Verhältnisse eintreten können, ist freilich nicht zu leugnen.[4] Nur darf man dabei niemals übersehen, daß eben die außereheliche Verwandtschaft lediglich eine zivilrechtliche Präsumtion ist, und es ebenso bedenklich erscheinen mag, auf Grund dieser bloßen Annahme

[1] Vgl. Hälschner a. a. O. S. 480.

[2] Binding, Lehrbuch a. a. O. S. 113.

[3] Diesen Widerspruch nimmt Bingner a. a. O. an. Er fällt aber bei der im Text vertretenen Auffassung, daß allerdings eine Einschränkung des § 173 des Strafgesetzbuches durch das Bürgerliche Gesetzbuch stattfindet.

[4] Vgl. die von Bingner a. a. O. gegebenen Beispiele.

Ehehindernisse, die ebensogut in Wahrheit gar nicht vorzuliegen brauchen, aufzustellen.[1]

Die vorstehenden Ausführungen werden wenigstens zweierlei gezeigt haben: daß auch der Strafrichter das neue Bürgerliche Gesetzbuch genau kennen muß, und daß das Verhältnis zwischen dem Bürgerlichen Gesetzbuch und dem Strafgesetzbuch nicht zu fassen ist ohne theoretische Vertiefung in die Probleme des Strafrechts. Daher ist mehr wie je erforderlich, daß Wissenschaft und Praxis Hand in Hand gehen.

[1] Dies ist auch den Bedenken Bingners a. a. O. entgegen zu halten.

Kolibri 360 GmbH
Ferdinand-Jühlke-Straße 7
99095 Erfurt, Deutschland
produktsicherheit@kolibri360.de